# 不動産投資でハッピーリタイアした元サラリーマンたちのリアルな話


著

玉崎孝幸 Takayuki Tamazaki

hiro田中 Hiro Tanaka

アユカワタカヲ Takawo Ayukawa

桜木大洋 Taiyo Sakuragi



青月社

# まえがき

「不動産投資って、本当にうまくいくの?」
「サラリーマンを辞めた後、どんな生活になるの?」

多くの人が抱く疑問だと思います。
しかし私たち4人(玉崎孝幸、hiro田中、アユカワタカヲ、桜木大洋)はサラリーマンの副業として不動産投資を始め、ある程度の資産を築いた上で会社を辞めました。それぞれに第2の人生をスタートして1年以上が経ちます。

縁あって4人が集まり、初対面同士の間柄から急速に意気投合したのには理由があります。1つは、不動産投資のスタイルが4人とも違うこと。それがお互いの興味を惹きつけました。区分所有からスタートして1棟ものにシフトしたり、現金で戸建てをコツコツ買い進めたり、メガバンクへの借り替えで大きくステップアップしたり、いきなり自己資金ゼロから何億もの借金をして規模を拡大したり。
手法は違うけれども目的は同じ。特にそのプロセスが大きく異なっていることに、強烈なインパクトを覚えました。

そしてもう1つは、サラリーマンリタイア後の生活を謳歌していること。これも各自のライフスタイルはさまざまですが、時間的な制約に縛られず、みんな自由に生きて、人生を楽しんでいます。それはまさにサラリーマン時代には得られなかったものばかりです。

今、私たちが感じていることは、「自分たちが特別なわけじゃない。誰だって、その気になれば人生を変えられる」ということ。
この想いを1人でも多くのサラリーマン諸氏に伝えたくて、1冊の本にまとめました。

実際、冒頭の質問を多くの方々から寄せられます。そして私たち1人1人がどんなに丁寧に答えても、なかなかリアルには伝わらないもどかしさも感じています。ならば、4人分の投資手法と今の生活を一気に公開してみようじゃないかと、本書の企画が生まれました。

その結果、いくつもの視点で不動産投資の進め方と考え方をリアルに体感していただける本に仕上がったと自負しています。

本書は、これから不動産投資を始めたいと思っている30代のサラリーマンが、私たち4人に質問を投げかけるインタビュー形式で進行していきます。誰もが感じる素朴な疑問に、実体験をまじえながら率直にお答えします。

現状に満足していない、もしくは将来に不安がある、そして人生を変えてみたいと思うなら、まずは一歩を踏み出すことです。私たち4人は皆、できることから始め、自分流のやり方で模索しながら成長してきました。次はあなたの番です。

この本が、多くの人に勇気を与えるきっかけになることを願っています。

玉崎孝幸
ｈｉｒｏ田中
アユカワタカヲ
桜木大洋

もくじ

# 1

## 利回り20%の戸建てから始めて地方１棟ものにステップアップ

## 玉崎孝幸さんに聞いてみた！

1

# 玉崎孝幸

## 元新聞記者のイクメン不動産投資家。月給を超える収入でハッピーリタイアに成功。

不動産投資家・キャリアコンサルタント。元新聞記者であり、現在は会社代表。

１９７９年生まれ。埼玉県出身。大学卒業後、全国紙新聞社、大手教育サービス会社で約14年のサラリーマン経験あり。

31歳での離婚を乗り越えて、アラサービジネスマン時代に安定した収入の基盤を得るために不動産投資を実施。一棟マンションや戸建などの賃貸物件計47戸を経営。４年間でサラリーマンとしての収入を超えるキャッシュフローを得ることに成功。

２０１６年5月のサラリーマン退職後、自らを代表取締役社長とする法人を設立。自らと同じようにやりたいことの実現をめざすサラリーマンのサポートを行っている。将来に不安を持っていて、時間的自由を実現したいサラリーマンを、安定収入確保、キャリアの面からサポートすることに大きな喜びを感じている。再婚し、現在は1児の父としてイクメン生活を送っている。

| 所有物件数 | 不動産投資を始めた年齢 | 不動産投資歴 |
|---|---|---|
| 8棟47戸 | 32歳 | 6年 |

| 年間キャッシュフロー | 年間家賃収入 | 総資産額 |
|---|---|---|
| 1000万円 | 2740万円 | 2億円 |

※すべて本書執筆時のデータ。所有物件数や金額に関する項目は、売却・買い増し等により変動する。

### ●不動産投資を始めようと思ったきっかけは？

会社の業績が下がったこと。給与収入だけだと、自分が働けなくなったときに不安だと思った。不動産投資は融資を受けることができるため、自己資金が多くない自分でも多くの収入を得られると考えた。

### ●あなたの投資スタイルを教えてください

RC１棟ものと築古戸建てを組み合わせる投資スタイル。RC１棟ものからのキャッシュフローを、戸建てに再投資する。戸建ては、「利回り20％以上、オーナーチェンジ」に絞って投資している。

### ●不動産投資におけるあなたの強みは何ですか？

戸建てを現金で買えること。即断即決が可能でスピード決済できることを背景に価格交渉を強気に行う。リタイア後は時間があるため、居住地から離れた物件もすぐに見に行ける。

### ●普段から気にしている情報収集源は？

不動産投資関係のブログ。複数のブログを日々チェックしておくことで、不動産投資業界の動きがよく分かる。他には、取引がある金融機関の担当者や、取引がある不動産業者の担当者。

### ●不動産投資におけるあなたのモットーは？

「空室は損室（失）」。空室があるときは、お金が出て行っているのと同じととらえるようにしている。空室が出たら、１日でも早く埋めるために、何をすべきかを考えて手を尽くす。

### ●これから不動産投資を始める人に一言

状態目標と期限を決めること。どんな生活をしたいか、いつまでにしたいかを決め、それを毎日思い出せるようになれば成功は近いです。

## 憧れの教育サービス会社で涙の不採用…
## 記者としてがむしゃらに働くことを誓う

――玉崎孝幸さんですね。不動産投資で成功して会社をリタイアした人にそのコツを聞きたくて伺いました。お若いですが、今おいくつですか？

37歳です。会社を辞めたのは36歳です。子どもが生まれる予定があって、子育てをしっかりやりたかったので、生まれる前に思い切って会社を辞めちゃいました。

――子育てのために会社を辞めるとは、究極のイクメンですね。玉崎さんはどんなお子さんだったんですか？

埼玉県の小さな街出身で、父は建設関係の会社員、母は生命保険の外交員で共働きでした。きょうだいは下に3人です。小学生のころから少年野球をやっていて、中高は卓球をやってました。

ちなみに、通っていた小学校は大家《おおや》小学校。まったく意識してませんでしたが、今振り返ると、将来大家さんをやることを暗示していたようにも思います（笑）。

**――すごい偶然ですね（笑）。玉崎さんはかなり肩幅ががっちりしてますね。**

はい。スポーツ少年で、勉強も得意でした。受講していた教育サービスの毎月の課題も締め切りまでに必ずやりきるような子どもでしたね。

**――やはりきっちりしてる性格なんですか？**

いや、締め切り直前に猛チャージをかけてやり切る感じです。締め切りがあると燃えるタイプですね（笑）。高校は地元でトップの県立高校に進みましたが、大学受験では第一志望の受験に失敗したんです。

**――どんな大学を志望していたんですか？**

田舎出身ということもあって、都会にあこがれていて都市計画学を学びたくて東京都立大学（現・首都大学東京）を目指したんです。公立だから学費も安くて家庭の負担も少なくて済むと思って。

でもあえなく1次試験のセンター試験で失敗して不合格。第2志望だった上智大学に進みました。

そこではマスメディアについて学べるジャーナリズム専攻の学科で学びました。学費の面では親に負担をかけましたが、これが大正解でした。放送・出版・新聞について学べてとても楽しかったです。

**――マスメディアに興味があったんですか？**

将来はお世話になった教育サービスの会社に入って、教材の編集者として子どもの勉強のやる気を向上させる仕事がしたいと思っていました。大学で学んだことで、編集の仕事も含めたマスメディアで働きたい、という思いが強くなりましたね。

**——それで、実際の就職活動はどうでしたか？**

僕は1998年大学入学、2002年大学卒業で、就職氷河期の世代。全体的に採用数が少なかった覚えがあります。放送・出版・新聞のマスメディアに絞って就職活動をした結果、教育サービスの会社は1次試験で不採用になり、結果として大手新聞社に記者として採用されました。

**——それってすごいですよね！**

周りからは「すごいね！」「よかったね」って言ってもらえたんです

けど、自分としてはやっぱり子どものころからのあこがれの教育サービスの会社に行けなかったのが悔しくて。でも採用してもらった以上、新聞社で自分の力を出し切ろうと思いました。まずは3年、この期間はがむしゃらに記者として仕事をしよう、そう決めました。

## いつ呼び出されるかわからない激務の記者生活 本心を言えなくなって抱えた「心の闇」

――記者の仕事はどうでした?

配属が静岡県の浜松だったのですが、「浜松って伊豆半島のあたりかな?」と思ってました(笑)。そのくらいの知識しかない状態でした。それでも、全国どこに配属されるかわからない状況でしたから、東京に近くてよかった、と思いました。

記者の仕事はやっぱりきつかったです。基本的に休みはあってないようなもの。朝から夜まで取材、記事執筆をして、終わったら調べものや取材の準備などがあったり、取材先や先輩と飲んだりするので、帰るのはいつも午前1時過ぎでしたね。

もちろん、事件や事故が起こるとすぐに取材に出かけなくてはならないので、体もきつかったです。

**――やはり相当な激務だったんですね。**

体力面もそうですが、精神的に厳しい仕事でした。家に帰っても、いつ突発的な仕事が入るかわからない。気が抜けないんです。休みの日も休んだ気がしなくて、ストレスが溜まっていました。まあ、記者なら当たり前のことで、上手に息抜きをしなければならないんでしょうが。

また、警察や市役所の幹部や政治家などの家を訪ねて取材をするのも苦手でした。水面下の取材も重要なのでしょうが、嫌がられているんじゃないかって思うとどうしてもなじめませんでしたね。

**――ストレスが溜まりそうですね。**

はい。さらに、他社の記者、ときには同僚も出し抜いてスクープを書かないといけないというプレッシャーもありました。社外や社内の人になかなか本心を言うことができなくなっていきました。あとは、周りの人が自分を出し抜いて特ダネを書くんじゃないか、ということを思うと人間不信になった部分もありますね。

その結果、自分の中に心の闇を抱えたようなところがありました。この闇っていうのはなかなか取れなくて、プライベートでも親しい人に弱音を吐いたり、自分のダメなところを見せたりできなくて、何となく息苦しい感じでした。

**――相当深い闇ですね……。そんななかでも記者をやってて楽しかったこ**

とってありますか？

困っている人の話を聞いて、世の中に問題提起する記事を書くのは得意でしたね。特ダネではないので評価はいまいち上がりませんでしたが、丹念に取材をして、長めの記事で課題を提示して、行政側に改善を促す、地味だけれども当事者に喜ばれるような、そんな記事を好んで書いていました。

## 記者ならではの独自の転職活動とは？憧れの教育サービス会社に「リベンジ転職」

――記者生活はそのあとどうなったんですか？

３年が経ったころ、もう一度教育サービスの会社を受けなおしてみようかな、と思ったんです。記者の仕事は楽しい部分もあるけれど、ストレスもかなりかかるし、何よりもプライベートの時間を持つのがほとんど不可能だと感じていました。

　将来は結婚して子どもも持ちたいし、仕事だけの人生は嫌だったので、転職することに決めたんです。

## ――教育サービスの会社への転職活動はどうでしたか？

　転職活動を行うにあたって、新聞記者として身につけた力を活用しようと考えました。具体的には、会社内部の情報収集をしました。大学生時代にその会社でアルバイトをしていたので、そのつてで転職希望先の部署の人を紹介してもらって、メールでやり取りをするようにしました。

　商品のサンプルを送ってもらったり、どんな人材を求めているかを事細かに聞いたりしましたね。

**――記者としての情報収集能力が生かされたんですね。**

はい。そこで、取材して記事を書ける人材が求められている、と分かり、自分がやってきたことを丁寧にアピールし「いま御社が求めている人材はこうですよね。それに僕が当てはまっているので、僕を採用すべきです」というプレゼンテーションをしました。

インターネットにも載っていない、自分で集めた生の情報を生かした転職活動を展開して、採用してもらうことができました。

**――すごい。ほかの応募者に大きな差をつけることができたんですね。**

その年はかなり中途採用をしていたので、僕が抜きん出ていたかは分かりませんが、新聞記者で活動していたことが評価されたんだと思います。その意味では、育ててくれた新聞社には、本当に感謝しています。

――子どものころから憧れていた会社に「リベンジ転職」できたってわけですね。

はい。情報誌の編集部への配属を希望したのですが、最初はマーケティング部門に配属されて、5年間ほど広告や告知物の媒体を制作しました。忙しかったものの、記者のようにいきなり呼び出されたりすることはなくなったので、精神的にとても楽になったのを覚えています。

未来ある子どもたちの勉強のやる気を高めるような、明るい仕事をすることができました。

## 31歳、2年余りの結婚生活の末に離婚……。弱さを見せられない性格が災い

――20代も終わりのほうになってきましたが、プライベートはどうでした

か？

２００９年に29歳で結婚しました。３年ほど交際した人だったのですが、入籍したあとに言い争いが絶えない状態になってしまいました。結果的には、入籍して1年で別居状態になりました。

**——何が原因だったんですか？**

僕が、自分の本心をパートナーに見せることができなかったせいだと思っています。記者時代から、苦手なことやできないことを認めることができなくて、結婚相手の前でもそれを変えられなかったんです。

知らないことを「知ってる」と言ったり、カッコ悪いところを見せないように取りつくろってしまったり。相手からしたら「できないんならそう言ってよ！」と思われてしまうような感じです。

**――確かに、そんな状態だと信頼関係が築けないかもしれませんね。**

はい。結局、別居から1年、結婚から2年ほどで離婚することになりました。このあと、1年間かけて「なぜ離婚してしまったんだろう？」と自問自答して、反省しました。

自分の弱いところ、ダメなところも含めて相手に見せられなかったところが原因だと結論づけました。すべてさらけだしてこそ夫婦だと、身をもって学びました。

**――転職して順風満帆だと思っていたのに、プライベートのほうでは逆境も味わっていたんですね。**

記者時代に抱えてしまった、「周りの人に本心を言えない」「弱いところを見せられない」という闇みたいなものが、そのままプライベートに影響してしまったんだと思います。

もともと4人きょうだいの一番上で、「お兄ちゃんとしてしっかりしなきゃ」という気持ちも人一倍強かったですから、それがよくないほうに出てしまったんだなと感じます。

離婚が決まったあと、情けなくて落ち込んでいたのですが、実家の家族は変わらず普通に接してくれて、本当にありがたかった。家族のありがたみを実感しました。

## 業績悪化、周囲の休職で「このままだとヤバい！」自宅購入検討をきっかけに不動産投資に興味

――このころ、お仕事のほうはどうだったんですか？

30歳まではマーケティング部門で仕事をしていました。経験を積んできて中堅どころになり忙しさが増していました。さらに会社全体の業績

が下がり始めていて、給料のアップも望めなくなってきていました。周りでは仕事の忙しさやストレスで休職してしまう人も増えつつありました。

そんななかで、ふとこう思いました。「このままこの収入を維持できるかわからないぞ。しかも、自分が体を壊したりして働けなくなったら収入はゼロ。あれ？　このままだとヤバいかもしれない……」。

**――当たり前だと思っていたサラリーマン生活に不安を感じたってことですか？**

はい。このときはじめて、会社以外に収入源を持てるようになりたい、と思うようになったんです。それで、いろいろ調べ始めました。株式投資、投資信託、ＦＸ投資……でもどれも自分に合っていないなと思って。

**――どうして合わないと思ったんですか？**

**株式投資**
利益を出すために、株式会社が発行する株式を売買すること。株価が安いときに買って高くなってから売ったり、株式を保有する株主に対して、会社が出す配当金を得たりして、利益を出すことをねらう。

**投資信託**
投資家が運用の専門家に資金を運用してもらい、その運用成果の分配を受ける金融商品。専門家が運用で損害を出せば元本割れする場合もある。

**ＦＸ投資**
ＦＸは「Ｆｏｒｅｉｇｎ Ｅｘｃｈａｎｇｅ」のことで、日本語では「外国為替収入が安定しないように思えたんです。サラリーマン収入以外の収入はできれば安定していて、計算できるものにしたい、と考えていました。そんなときに、不動産投資に出合ったんです。

**――ここで出合うんですね。**

でも、多くの人のように『金持ち父さん貧乏父さん』を読んで……というのとは違っていました。僕の場合は、マイホームを買うのを検討することがきっかけになったんです。

**――どういうことですか？**

別居する前、将来を考えていたころ、当時の妻と家を買いたいという話をしていて、物件をいくつか見に行ったんです。都内の戸建てを見た

証拠金取引」と呼ばれる。一定程度の証拠金を入れてそれを担保に数十倍程度までの取引金額で外貨などを売り買いする。為替の差益のほか、通貨間の金利差も利益のもととなる。

**『金持ち父さん貧乏父さん』**
ロバート・キヨサキ著。1997年アメリカで初版発行。日本では、2000年に筑摩書房から翻訳本が出され、ベストセラーになった。「お金を自分のために働かせる方法」などを伝え、日本人の投資意識を高めることに大きく貢献した。キヨサキ氏が書籍の中で不動産投資を勧めている

ら、中古でも5000万円くらいして「高いなぁ、ローン組んで給料だけで返すなんてかなりしんどいなぁ」って思ったんです。なんとか返済を少なくする方法はないかなと考えて情報収集していたら、本屋さんで賃貸併用住宅についての本を見つけました。

自宅の一部を貸家にして、その家賃収入でローンを返済すれば、給料はまるまる生活費に充てられる。「これだ！」と思いましたね。

**――そこで家賃収入を得ることに目覚めたんですね。**

結局離婚してしまったので、賃貸併用住宅は買いませんでしたが、別居が始まったころから、不動産投資の本を読んだり、インターネットで情報収集をしたりして勉強をしました。販売業者主催のセミナーにも足を運ぶようになりました。

**――情報収集から入ったんですね。**

ことから、ほとんどの不動産投資家が「この本を読んで不動産投資に目覚めた」と述べる書籍でもある。

**賃貸併用住宅**
自宅の建物の一部を賃貸住宅として貸し出している住宅のこと。家賃収入を自宅のローン返済に充てられるので、住居費を低く抑えられることがメリット。住宅全体に占める自宅の割合が一定程度（2分の1〜6分の1程度）を満たせば、住宅ローンでの借り入れで新築または購入することができる。

はい。でもいくつも本を読んだり、セミナーに出たりしたものの、知識が断片的で、網羅的に学べないのが課題でした。そこで、トータルで不動産投資の知識を得られるスクールに通ったんです。
30万円ほどかかりましたが、そこで物件の取得から管理・運営、売却まで知識を身につけられたので、不動産投資を始めようと決心することができました。

## 自宅マンションで掲げたテーマとは？いきなり50万円の価格交渉に成功！

——学びを踏まえて不動産投資を始めたんですか？

いいえ、当時離婚が決定的になっていたので、最初は自宅マンションを購入することにしました。まずは不動産を買ってみようと思ったんです。

不動産の情報収集、現地調査、価格交渉、融資づけ、購入、と一連の経験を積むこともできます。

テーマとしては、「価格交渉をして相場より安く買うぞ」というのを掲げて臨みました。

**――確かに自宅マンションなら気持ち的にもハードルが低いですね。**

当時通勤の利便性を考えて郊外にある会社の近くに賃貸で住んでいたので、同じような場所で1人用の自宅マンションを買おうと考えました。

そこで、40平米ほどの1人用の区分マンション1150万円を見つけました。しかも最寄駅から徒歩10分。理想的な物件でした。20平米ほどのワンルームマンションや60平米以上のファミリータイプのマンションは多くありましたが、この面積のものは少なかったのでうれしかったですね。

**――それで価格交渉はうまくいったんですか？**

最初、不動産投資のスクールで学んだとおりに価格交渉しました。

1000万円で希望を出したんですが、拒否されて、最終的には1100万円で交渉成立。それでも、交渉をすることで、売値から50万円も引いてもらえた。これは自信になりましたね。

最初の1戸でスクールの受講料の元が取れた、と喜んだ覚えがあります（笑）。住宅ローンも950万円借りることができて、2011年6月に無事に買うことができたんです。スクールを受講した3か月後のことでした。

**――自宅とはいえ、不動産を買うというのは緊張しましたか？**

はい。当時31歳で、1000万円を超える買い物ですから、印鑑を押すときは手が震えました。離婚前に住んでいた賃貸マンションから引っ越すときには、「オレの新しい人生が始まるぞ」と意気揚々とした気持ちになりました。

## 15年越しの念願の部署に異動！日曜日は1日3件の物件探しも

――仕事のほうはどうだったんですか？

別居が始まるのと同じころ、プライベートとは逆に30歳で念願が叶って情報誌の編集担当として異動することができました。マーケティング部門時代の上司が先に異動していて、評価してくれたこともプラスになったのかもしれません。

このころは本当に仕事が楽しかったです。並行して不動産投資の勉強を始めたり、自宅マンションを買ったりしていて、充実した日々を送れていました。

**――仕事は楽しくなっても、将来の不安は残っていたんですか？**

そうですね。会社以外の収入源をつくっておけば、上司の目を気にせず、やりたいように仕事ができるんじゃないか、という気持ちになっていました。

編集部門はマーケティング部門のときよりは早めに帰ることができていたので、夜19時には帰宅して不動産投資の勉強や物件情報の収集を日課にしていましたね。

**――自宅マンションを買ったあとは、不動産投資のほうはどう進んだんですか？**

最初は、首都圏のファミリータイプの区分マンションを探しました。スクールで学んだことを踏まえて、自宅を含む私鉄沿線の物件をネットで調べて資料請求し、いいなと思った物件は毎週日曜日に朝から電車に乗って、現地を見に行くことを繰り返していました。1日3件を見に行くこともありましたね。

**――毎週日曜日ですか。かなり大変だったんじゃないですか。**

習慣にしてしまっていたので、苦ではありませんでした。それに、物件を見ていくことで、目が慣れてきて資料請求するときに精度が上がっていくようになりました。

**――それでファミリータイプの区分マンションを買ったんですか。**

いえ、2011年の後半のうち4か月くらい探していたのですが、希望するキャッシュフローが出る物件がなかなかなくて買えませんでしたね。やはり管理費と修繕積立金が確実に出ていって、どう計算しても手残りが毎月1万円～3万円程度になってしまう。このころには、毎月100万円のキャッシュフローを目指していたので、こんな調子で買っていてもダメだと気づきました。

## 1棟ものにいくためのステップとして選んだ物件 180万円の指値が通り利回り20%実現！

――それで1棟ものを買うことにしたんですか？

いや、いきなり大きな物件はやっぱり怖くて（笑）。それで、土地もついてくる戸建てを最初に買うことに決めたんです。管理費・修繕積立

**キャッシュフロー**
事業・財務活動によって得られた収入から支出を差し引いて手元に残る資金の流れ（フロー）のことを指す。不動産投資では、家賃収入から借り入れの返済や各種費用を差し引いた手残りのこと。リタイアをめざすサラリーマン不動産投資家がもっとも重視すべき項目。

**1棟もの**
不動産投資の投資対象の種類のひとつで、マンションなどの棟全体のこと。「1棟ものを買う」などと使う。1棟もの以外では、マンションの1室に投資する「区分」などがある。家1軒を貸家にする「戸建て」は1棟ものには含まれない。

金がないし、土地があるので、最悪土地値で売れるんじゃないかと思いました。

最初は現金で買おうと考えていたので、5年くらいで回収できたらいいな、と思い、表面利回り20％になるようにしたいと決めました。さらに、お客さんがつかなかったり、買ってすぐに不具合が見つかるのも避けたかったので、入居者がすでにいるオーナーチェンジ（ＯＣ）の戸建てを買いたい、と思うようになりました。

**――いずれ１棟ものに行くためのステップとして戸建てを考えたんですね？**

はい。自宅マンション購入、ＯＣ利回り20％戸建て物件を現金購入、とステップを重ねて、次は1棟ものにいこうと決めました。それで戸建ての現地調査を重ねていると、２０１１年11月に千葉県柏市内に築39年の４８０万円のＯＣ戸建てを発見。家賃５万円だったので、逆算して

**表面利回り**
不動産投資用語で、物件価格に対する年間家賃収入の割合のこと。

**オーナーチェンジ**
入居者がいる状態で売りに出ている賃貸住宅のこと。所有者（オーナー）が変わるだけで、入居者が変わらないことからこのように呼ばれる。購入者にとっては、購入直後から家賃収入が入ってくるメリットがある。一方、多くの場合、賃貸している部分を見ることができないため、建物内部がどのようになっているのかわからない状態で購入しなくてはならない。

300万円で購入申し込みを入れました。

**――180万円の指値ですか。結構難しそうですよね。**

申し込み直後は仲介会社さんを通して「それではさすがに無理です」と言われてあきらめました。

そのまま忘れていたのですが、1か月後に仲介会社さんから電話がかかってきて「売主さんが300万円でいいって言ってます」と言われました。

仕事の休憩中に電話を受けたんですが「本当ですか⁉」と大きな声が出ちゃいました（笑）。売主さんが会社の清算をするため所有物件の売却を進めていたそうなのですが、他の物件が希望価格で売れている一方で、この物件は売れ残っていたから300万円で売ってもいいよ、ということになったそうです。

**家賃5万円だったので、逆算して300万円**
月額家賃5万円だと、年間家賃は60万円。利回り20%で買いたい場合、計算式は60万円÷0・2＝300万円となる。

**——すごいラッキーですね。**

こういう幸運に巡り合えたのも、あきらめないでブレずに自分の基準を持って物件を探して、購入申し込みを入れ続けたからです。不動産投資は「数打ちゃ当たる」の部分もあるので、続けることが大切だな、と感じます。

この電話があったから、自信を持って不動産投資に踏み出すことができました。小さな一歩ですが、僕にとっては人生を変える電話でしたね。

**——勉強を始めて2年でようやく投資用物件購入にこぎつけたんですね。**

はい。長かったです。当時32歳だったのですが、最初の1戸を買うのがこれほど大変だとは思いませんでした。

僕の周りにいる不動産投資家さんは、けっこうあっさり1戸目、1棟目を買っている方が多いのですが。僕は慎重派で、知識をしっかりとつ

**会社の清算**
会社が営業活動を終了して解散したあとに、不動産や有価証券を換金したり、債務を返済したりして、財産を整理する活動のこと。この清算が終わると、法的な意味で会社がなくなることになる。

**不動産投資は「数打ちゃ当たる」の部分もある**
不動産投資で物件を購入するときには、購入希望金額を書いた購入申込書を提出することが必要。購入希望金額は、買主が任意に決めることができる。安く買おうと思えば、売主にとって厳しい金額を書かざるを得ないため、ほとんどの購入申込は通らない。多くの申

けて、失敗の可能性をできるだけ低くしてからでないと踏み出せないほうなので、仕方なかったのかなと思います。

## 不動産投資を始めて見えてきた「次の夢」まだ見ぬ家族のためお金の余裕をつかみたい！

——これで1棟ものに進むためのステップができましたね。

このとき、目標としては最終的に5億円程度の規模まで増やして、年間1500万円のキャッシュフローを取ってリタイアできる状態になろうと思っていました。

——子どものころからあこがれていた情報誌編集の仕事に就けたのにリタイアも考えていたんですか？

込書を出して、ようやくひとつが通るか通らないか、という面があるのも事実である。

仕事は好きだったのですが、会社の先行きは不透明だったので、いざ会社を辞めなくてはならなくなったときも、フリーランスの立場で好きな仕事を続けていけるように、リタイアできるくらいの規模をめざしました。それから、仕事をしているなかで、新しいことに興味がわいたっていうのもあります。

**――新しいこととは何ですか？**

キャリアコンサルタントとしての活動です。子ども向けの情報誌編集の仕事をするにあたって、将来の仕事についての知識も得ておきたいと思い、2008年にキャリアコンサルタントの資格を取ったんです。その活動の一環として、ボランティアで転職イベントなどで相談に乗ったりしたときに、仕事やキャリアに悩むサラリーマンがとても多いということを知ったんです。

**キャリアコンサルタント**
2016年4月に創設された国家資格。働く人の職業選択、能力開発などの相談に応じて、助言及び指導をおこなう。職業能力開発促進法に定められた資格で、企業内の人事担当者、公的

それで、自分もキャリアコンサルタントとしての活動を広げて、役に立てたらいいなと思うようになりました。

**――少しずつやりたいことが変わっていったんですね。**

２０１１年に離婚したあと、１年間かけて自分を見つめ直して、もう一度家庭を持つことに挑戦したいという気持ちもありました。新しい家庭では、お金のことで家族に苦労を掛けたくない、という思いがあったので、会社以外の収入源を持って、会社に人生を左右されない状態になっておきたいと考えていました。

**――不動産投資をやる目的がはっきりしてきたんですね。**

次は絶対に幸せになりたい。自分が自然体でいられて、結婚相手、家族を最優先に考えられる自分になりたい。そのためには、お金がないか

就業支援機関における支援者、教育機関での就職支援者などに多い。玉崎孝幸は、独立系のキャリアコンサルタントとして、働く人の立場に立ってキャリアに関する支援をおこなっている。

ら我慢する……ではなくて、相手、家族のために躊躇なくお金を出せる自分でありたいと思ったんです。

## RC物件、関東で探すも買ったのは京都!? 毎月通って1年余りで稼働率75%→100%へ！

――1棟ものはどうやって探したんですか？

これもインターネットで物件情報を探したり、不動産会社さんのセミナーに出たりして情報収集していました。条件としては、首都圏の1都3県で、利回り10%以上で1億円くらいのRC、稼働率85%でもキャッシュフローがプラスになる物件で、築17年以内、年間キャッシュフローは300万円以上をめざしました。

**RC**
鉄筋コンクリートのこと。英語の「Reinforced Concrete」（補強されたコンクリート）の頭文字を取っている。

**稼働率**
不動産投資においては、「入居中の部屋数÷総部屋数」で示される。10部屋のアパートで、入居中が6部屋だった場合、6÷10＝60%となる。

**――具体的に決めて探していたんですね。**

探し始めて2か月後ごろ、セミナーで知り合った不動産会社さんに京都市内の物件を紹介されました。探していた1都3県の物件ではなかったのですが、利回りが12・7％のRCで、約2億円の物件でした。6階建ての40部屋で、1階部分がテナント、2階以上は3点ユニットのワンルームでした。

築年数は23年で、稼働率が75％。地下鉄の駅から徒歩4分、大きなスーパーマーケットからも徒歩3分の近さなのに、なんでこんなに低稼働なのかと思ったら、外は綺麗なのに空き部屋の手入れがされていなくて、部屋の中がボロボロでした。

調べた結果、空き部屋をしっかり修繕すればすぐに埋まると判断して、即購入を決断しました。

**3点ユニット**
風呂・洗面台・トイレが一体となって一つの空間に収まっている状態のこと。バス・トイレ別を好む入居者が多いため、不人気で、家賃が低くなりがち。

——300万円の戸建てを買った2か月後に2億円のRC物件ですか。すごいステップアップですね。

自分でもびっくりしました（笑）。でも、最終的な目標が定まっていたのと、それまで2年以上も勉強したり現地調査をしたりして埋まる物件の勘どころをつかんでいたので、不安はありませんでしたね。

ほとんどを融資で賄いましたが、その時点での稼働率で計算しても毎月30万円程度のキャッシュフローが出ていましたから、その点も安心材料でした。

——空室はどうやって埋めたんですか？

たまたま毎月1回程度日曜日に泊りがけで大阪や京都に出張が入っていたので、土曜日の朝に新幹線で東京から京都に行きました。それで空き部屋修繕の相見積もり依頼や工事業者さんとの打ち合わせ、購入後に

2012年購入の京都のRC物件。
この物件との出合いがリタイアに直結した。

変更した管理会社さんとの打ち合わせを念入りに行いました。
毎月のように通っていたら、1年3か月くらいで満室になりました。

**――入居者さんを募集するときに工夫したことはありますか?**

内装のリフォームは業者さんにお願いしたのですが、簡単な飾りつけは自分でやりました。近くに家具店や100円ショップがあったので、そこでカーテンやテーブル、小物を買ってきてモデルルーム風に飾りました。数百円程度の出費で、それなりに第一印象がよくなるので、積極的にやりましたね。

## 貯まってきた現金をどう使うか!?
## キーワードは「戸建て・オーナーチェンジ・20%」

――京都の1棟ものが満室になったあとはどのように不動産投資を進めたんですか？

2億円という借り入れは自分にとって大きな額だと感じていましたし、自分の信用の限界ぎりぎりまで借りたと認識していました。
そのため、次の大型物件を買う前に少し時間を置こうと考えていました。そうこうしているうちに、最初の戸建てと合わせてキャッシュフローが月に60万円出るようになってきました。

――大きな額のキャッシュフローですね。

1人暮らしでお金のかかる趣味もなかったので、給料と合わせて現金が手元に増えてきました。そうなると、手元に増えてきた現金を再投資したくなってきました。借り入れをせずに再投資をしたいと考えたときに、戸建てを買おうかなと思うようになったんです。

**――最初に買ったのも戸建てでしたもんね。**

はい。それと同じ条件になるように物件を探していきました。具体的には「戸建て、オーナーチェンジ（OC）、表面利回り20％」という条件です。これを満たした物件のなかから、さらに賃貸需要や入居者の属性などを分析して買うかどうかを判断するようにしました。

**――現金とはいえ、表面利回り20％の物件というのはなかなかないのではないですか？**

そうですね。でも、ポータルサイトなどで日々物件情報を見ていると、意外と見つかるものです。そんな風にして、2014年5月に神奈川県横須賀市のテラスハウスを見つけました。

テラスハウスというのは連棟型の物件のことで、隣り合った物件と壁を共有している家のことです。独立している戸建てと比べて価格が安いものの、単独で取り壊すのはやや難しいという特徴があります。

**――その横須賀のテラスハウスはどんな物件だったんですか？**

520万円の物件でした。築40年以上経っていましたが、ご高齢のお母様と息子さんきょうだいの3人暮らしの家族が家賃7・5万円で入居していました。

私鉄の大きめの駅から歩いて15分の高台の上にあり、家の前まで行くのに細い坂道を上がっていかなくてはならない立地です。価格交渉をした結果、440万円で購入できて、利回り20・5%になりました。

**ポータルサイト**
「ポータル」は入り口の意味。インターネットにアクセスするときに、多くのユーザーが最初に訪れるWebサイトのこと。不動産投資業界では、各業者から集めた売買物件の情報をまとめて閲覧できるサイトを指す。「健美家」「楽待」などがある。

売主さんがご高齢で、資産の現金化をしたいということで、特別に安く譲ってもらうことができました。

**――現金で購入できた、というのが強かったんでしょうね。**

はい。契約・決済の場には現金440万円を持っていったのですが、売主さんからは「若いのによくそこまで貯めたね。えらいね〜」とほめられました（笑）。現金買いの威力を思い知りました。

入居されていたご家族は購入から3年経った今も変わらず住み続けてくれて、本当にありがたいです。僕は管理も地元の不動産業者さんに任せているので、購入以来現地にも行っていませんね。

**――3年も住み続けてもらえると楽でいいですね！**

修繕費がかからないのがなによりも助かります。ご高齢の方が住んで

**資産の現金化**
不動産や金融資産を売却して現金にすること。長年大家業をしていて高齢になった人の売却理由に多い。不動産を現金に変えて、老後の生活費に充てたり、相続税の納税資金に充てたりすることが多い。

2014年購入の横須賀市テラスハウス。
440万円で利回り20.5%。

いる物件は引っ越ししにくいように思います。慣れ親しんだ家でできるだけ長く住んでもらえると大家としてもありがたいです。

この横須賀物件を買ったことで、「戸建て・OC・20%」の投資を再現できました。融資が通りにくいなかでもリスクを減らしながら少しずつ規模を拡大するための有効なやり方を確立することができましたね。

## 会社のピンチで感じた副収入のありがたみ 副業の可否は自分で判断すべきという信念

**――不動産投資が順調に進む一方で、仕事のほうはどうだったんですか?**

2014年にテラスハウスを買い、徐々にではありますが不動産投資の収益が増えてキャッシュフローも多くなるなかで、キャリアコンサルタントとして独立したい、という気持ちが大きくなってきました。

そんな折、会社の売り上げが大きく下がってしまう年がありました。そのときは経営陣も現場も疲弊していましたね。もちろんボーナスも大幅カット。そんな様子を見て、「もし不動産収入がなかったら、会社の動向に翻弄されてしまう。やっぱり不動産投資をやっていてよかった」。そう実感しました。

**――どんな会社もかならずピンチはやってきますものね。**

はい。サラリーマンでいる限り、その波を逃れることはできません。会社以外からの収入の柱をどれだけ安定させて、太いものにしておくか。それが自分の身を守ることにつながるのだと今でも信じています。

**――サラリーマンをしながら副業をする場合、会社によっては禁止規定がある場合もあると思うのですが、玉崎さんの場合はどうだったんですか?**

僕は、副業禁止規定の解釈はそれぞれの社員の判断に任されていると考えているんです。定められているルールには必ずその背景、理由があります。会社の所有物を使って副業をしたり、勤務中に副業をするのは会社や株主への裏切り行為だと思います。

ですが、勤務時間以外の行動を会社が縛るというのはどう考えてもやりすぎだと僕は思います。会社の肩書きを表に出して講演や執筆などの表立った活動をするときは会社に届け出るべきですが、不動産投資のように会社に直接的に迷惑をかけるものでなければ、それぞれが自己責任で判断してやるかどうかを考えるべきです。

――自分で考えて判断すべき、ということですね。

はい。例えば親が持っているアパートを相続することになった。でも会社が副業禁止って言っているから相続できない、というのは現実的ではありません。自分で判断できないから会社の人事担当部署に確認……

とやっていたら人事担当部署の仕事が増えるばかり。
そんなのは、会社に迷惑をかけるかどうかを基準にして自分で判断しなきゃいけません。同じように不動産投資をするかどうかも、自分で考えて判断すべきです。少なくとも僕はそうしていました。

## 再婚したら幸運が降ってきた！ 金利が3.5%→0.8%に大幅ダウン

――その後はどうなりましたか？

購入時に借りていた高金利の地方銀行（地銀）と金利交渉をして返済額を減らしたり、徐々に家賃を上げていったりして収益を伸ばしていきました。京都のRC物件の利回りは13・5%まで伸びました。
その一方で、プライベートでは再婚に向けて婚活をしました。前回の

**地方銀行（地銀）**
一般社団法人全国地方銀行協会の会員である銀行のこと。都道府県庁所在地に本店を有する、都道府県を代表する銀行であることが多い（例外も多数ある）。

**金利交渉**
既存の借入金の金利の増減について交渉すること。不動産投資の場合は、投資家が借り入れをしている金融機関に、金利を下げてもらうように交渉することを指すことが多い。

失敗を生かして、自分の気持ちを隠さずに話せて、自然体でいられる相手を探しました。その結果、2015年に無事に再婚。それを受けて初めて買った1人用の自宅マンションに別れを告げ、同じ街のファミリータイプのマンションに移り住みました。

そのときに人生を変える出来事が起きたんです。

**——どんな出来事ですか？**

住み替えに伴って、ある都市銀行（都銀）に京都の物件の借り入れや稼働の状況について説明したところ、担当してくれた支店の不動産担保ローンの担当者から「当行で借り替えをしませんか？」と提案があったのです。

借入期間は数年短くなるのですが、金利が3・5％から0・8％くらいにまで下がる提案で、とても魅力的でした。

**借り替え**
既存の借入金について、借入先を別の金融機関に変更すること。現在の借入金を全額返済して、新たに別の金融機関で借り入れを起こすという流れが一般的。借り替えにより、金利、借入額、借入期間などの条件がよくなれば、経営上大きなメリットを生み出すことができる。

**――いい条件ですね! それで借り替えをしたんですか?**

いいえ。借り替えをしてしまうと、もともと借りていた地銀からの追加の融資が受けにくくなってしまうので、すぐに借り替えるのは見送りました。その一方で、都銀には別途大型物件の融資を打診して追加での購入をめざすことにしました。

**――大型物件の取得にも動いたわけですね。**

このころ、ちょうど自ら希望して、教育サービスの会社から人材サービスの会社に1年間の期限付きで出向していたんです。転籍を視野に入れた出向です。教育サービスの会社でのキャリアが10年を超え、やりたかった情報誌編集もできていましたが、将来的なキャリアコンサルタントとしての独立に向けた動きも進めたいと考えて、自ら手を挙げました。

もし転籍した場合、転職ということになってしまうため、追加の融資が組みにくくなってしまいます。その前に地方のＲＣ物件を購入しようと動いたのです。

**――退職、転職、独立……いろいろな選択肢をにらみながらの動きになったわけですね。**

この時期は、出向先の仕事をしながら、都銀と借り替えの話をしたり、新規購入物件を探したりと、忙しく動いていました。山口県のＲＣ物件の購入直前までいったのですが、あと一歩のところで融資が下りなかったりして、買うことはできませんでした。

結局、京都物件の都銀での借り替えを実行。借り入れ条件が変わったことで、返済額が月額10万円下がりました。さらに、金利も下がったので元本の返済スピードがアップ。返済期間も7年ほど短くなりましたね。

――融資条件が変わったことで、経営が大きく改善したんですね。

はい。この借り替えは、経営安定化にとてもプラスになりました。

## 辞令をきっかけに退職を決意
## 悩んだ期間はたったの1日

――出向期間が終わったあとはどうなったのですか？

人材サービスの会社は、出向期間終了後も転籍で僕を受け入れてくれようとしてくれていました。でも、1年間の人材サービス会社での仕事を経験しても、サラリーマンとして人材サービスに携わる気持ちにはなりませんでした。

結局、2016年4月から出向元に戻ることを希望して、人事担当部署に戻り先を用意してもらうように依頼しました。

**――どんな戻り先が用意されたんですか？**

僕としては、現場を支える人事担当部署や総務担当部署を希望したのですが、用意されたのは、バリバリの現場仕事の営業・マーケティング部門（笑）。入社直後のマーケティング部門での経験を買われての辞令でした。

この部門に戻れば、よりハードな仕事が待っているし、このあと始まるであろう子育てに時間を割くことがかなり難しくなると思いました。そこで、辞令を受けてからこのあとの身の振り方を考えることにしました。辞令に従うのか、辞めるのか。2つに1つだと考えていました。

**――サラリーマンは会社からの命令には逆らえない。だからノーと言うなら辞める覚悟だったんですね。**

まずやったのは、不動産投資の収入の今後の見通しの作成です。年間のキャッシュフローは約1000万円にまで伸びていました。

今までもらっていた給料がなくなるのは痛いですが、昼食や夕食は自宅で食べられるようになるから出費は減るはず。そのように生活にかかるお金を詳細に計算した結果、辞めてもなんとかやっていけると判断し、退職、独立することを決意しました。この間たったの1日でした。

**――即断即決だったんですね。結婚したばかりの奥様はどういう反応でしたか？**

交際中から不動産投資をしていること、2億円近い借金があること、その分副収入があることなどを数値も含めて伝えていました。いずれ独立するかもしれない……ということも伝えてあったので、最初こそ驚いた様子だったものの、僕を信頼して退職、独立を応援してくれました。

妻には本当に感謝しています。サラリーマンを辞めたことで、産前産後の妻のサポートや子育てにしっかり関われていて、今では「家にいてくれているから助かるよ」と言ってもらえています。

**――奥様が応援してくれたのはなぜだったと思いますか？**

ふだんから、不動産投資の状況や資金管理の状況を逐一説明していて、信頼してもらえていたからだと思います。家族を第一に考えて行動していることがふだんの様子から分かってもらえていましたし、独立に際しても、妻の心配しそうな点を、根拠を示しながら丁寧に説明しました。

**――会社にはどのように退職の意思を伝えたのですか？**

「戻り先を探してくれたことには感謝していますが、自分の希望するキャリアの方向性と違ったので、退職して独立することにします」と伝えました。中途半端に戻ってからすぐに辞めるほうが迷惑をかけると思いましたので、タイミングとしては良かったのかなと思います。

10年以上勤めた会社でしたが、結局出向前が最後の出社となり、お世話になった元上司や元同僚に直接お礼の気持ちを伝えることができなかったのは心残りですね。

## 退職後ストレスフリーで血圧が10ダウン！ お金とキャリアの面での若手支援に意欲

――退職後の生活の様子について教えてください。

退職後すぐに会社を立ち上げて、代表に就任しました。1年ほどはキャリア支援のボランティアや研修講師のアシスタントなどの活動をしながら、自分がありたいキャリアコンサルタント像を模索していました。

その間に妻が第一子を妊娠したので、妊娠中の妻のサポートに力を入れるようになりました。２０１７年3月には男の子が生まれ、今では日中のおむつ替えや授乳後のゲップ出し、寝かしつけなどを毎日やって子育てを楽しんでいます。

## ――退職前と退職後で大きく変わったことはありますか？

妻との時間が増えたことですね。退職前は平日は朝早く出て夜遅く帰っていたので、帰宅後はせわしなく夕飯を食べてシャワーを浴びて寝る日々でした。

妻とゆっくり話したくても、週末に限られていたんです。それが、平日も朝から夜まで家にいるようになったので、昼食と夕食を2人でゆっくり食べられるようになりました。たまに平日の日中に時間を気にせず近所で外食を楽しむことができました。子どもが生まれてからも平日の日中にベビーカーを押しながら3人で出かけています。

**――夫婦の関係もよくなりそうですね。**

四六時中いっしょにいるとお互いに疲れてしまう恐れもあるので、昼食を食べたあとはカフェやジムに出かけるようにしています。ついでにスーパーでの買い物も引き受けるので、妻にも喜ばれていますよ。

睡眠時間もしっかりとれるようになって、血圧が10下がりました(笑)。ストレスが減ったことが原因でしょうね。

**――今後やっていきたい活動はありますか？**

20代、30代のサラリーマンで、仕事やお金のことで悩んでいる人の力になりたい、という気持ちがあります。キャリアコンサルタントをしていて不動産投資でリタイアした人はほかに聞いたことがないので、僕しか語れない経験を、同世代以下の若いサラリーマンに伝えていきたいなと思っています。

**――不動産投資を始めたいけれど、奥様や旦那様から反対されている人にアドバイスはありますか？**

僕は独身のうちに不動産投資を始めたので、自分の一存で決められましたが、家族がいる人は始めることすら一苦労だと思います。地道なことですが、ふだんの行動で信頼を得ることが大事ではないでしょうか。

逆の立場に立って考えてみればわかりますが、得体の知れないものに億単位の借金をすることに同意するのはかなり困難なことです。僕の場合は、妻には不動産投資のスクールで使ったテキストや不動産投資関連の本を読んでもらったりして、いっしょに知識を増やすように心がけています。僕を応援してくれる妻には感謝してもしきれませんね。

2017 年に誕生した息子と。
家族との時間を最優先にリタイア生活を送っている。

# 2 民泊から福祉まで手掛けて家賃収入6000万円

# hiro田中さんに聞いてみた！

2

# hiro田中

## 会社の合併・リストラを目の当たりにして将来を危惧。資産4億円を築きお金の心配から解放される。

1969年生まれ。大阪府高槻市出身。アウトドアとフライフィッシングと家族をこよなく愛する不動産投資家。

千葉県の浦安に住みながら、生まれ育った大阪・北摂地域を中心に物件を買い進める。物件の種類は多様で、区分マンション、戸建て、テラスハウス、店舗、1棟マンション等63戸を所有する。最近は物件を所有せず転貸による不動産投資も実践している。

2016年に23年間勤めた製薬メーカーを退職。合併やリストラを目の当たりにしサラリーマンの行く末に危機感を覚える。お金の心配から解放されたら自由になれる？　サラリーマンに向いている投資とは？　競馬、パチンコ等のギャンブルや一攫千金宝くじをはじめ、株式投資も経験し、たどり着いたのが不動産投資。

自宅賃貸から始め、10年間で築いた資産は4億円。自己流の投資スタイルは独特で、小さく始めて時間をかけて得られた収益を再投資。長い月日をかけながらゆっくり資産を増やしていく手法。

現在は不動産を通じて知り合った仲間と「高槻大家の会」を結成し新米大家さんの育成や賃貸住宅から街の活性化を図るべく活動している。

所有物件数
16棟63戸

不動産投資を始めた年齢
38歳

不動産投資歴
10年

年間キャッシュフロー
1800万円

年間家賃収入
6000万円

総資産額
4億円

その他の投資
シェアリングエコノミー関連投資／貸会議室を４軒運営中

※すべて本書執筆時のデータ。所有物件数や金額に関する項目は、売却・買い増し等により変動する。

**●不動産投資を始めようと思ったきっかけは？**

会社の合併で不本意な転勤があったり、会社の先行きにも不安があった。会社は存続しても社員は減っていく状況に自分の未来が描けず、会社の給料に依存している限り自分の望む生き方ができないと感じた。

**●あなたの投資スタイルを教えてください**

競馬で言うところの複勝転がし。家賃で得た利益をそのまま再投資。

小さな物件だと現金買い。大きな物件だと頭金にして再投資。出てきた物件で買えるものを買い続ける。それをひたすら繰り返す。

**●不動産投資におけるあなたの強みは何ですか？**

運がいいです。困ったときにはいい出会いがあって助けられます。

**●普段から気にしている情報収集源は？**

出会いを大切にしています。人に会って、人に興味をもって、人と接していると情報が得られます。

**●不動産投資におけるあなたのモットーは？**

「不動産を通じて驚きと幸せを！」

入居者さん、客付業者さん、リフォーム屋さん等々、私に関わるすべての人たちにこの想いを実感してもらいたい。

**●これから不動産投資を始める人に一言**

はじめは何かと不安かと思います。1人で頑張るより仲間を作って進めた方がきっとうまくいきます。セミナー、大家の会、先輩大家さん等、身近にいる人を味方につけて明るい未来を掴んでください。

## 勉強嫌いも得意の化学を生かして大学進学
## 安定を求めて大手製薬メーカーへ

――こんにちは、ｈｉｒｏ田中さんですか？

ちょっと待っててな。このパソコンのここをポチっとしたら……よし！　４万６０００円や！

――４万６０００円？　株でもやってるんですか？

ちゃうわ！　民泊や、民泊！　外国のゲストが部屋を借りてくれたんや！「サンキュー フォー リザベーション」って送ったんや。

――気を取り直して、今日は不動産投資で成功するために大切なことにつ

**民泊**
Airbnbに代表される仲介サイトを通じて主に外国人観光客に個人の住宅を貸し出すビジネス。

**いて聞きに来ました。**

なんでも聞いてや〜

**――ｈｉｒｏ田中さんは現在、家賃年収６０００万円なんですよね？やっぱり子どものころからすごかったんですか？**

いやいや、どこにでもいる勉強嫌いの普通の子どもやったで。オヤジは公務員、オカンはパーマ屋。いたって普通の家庭やろ。高校でも勉強せえへんかったから、大学なんて行かへんと思っとったんや。せやけど、化学だけは得意でなぁ、それを生かして運よく地元で超優秀な摂南大学薬学部に進学できたんや。

**――薬学部って難しそうですよね。**

**摂南大学薬学部**
当時薬剤師国家試験合格率100％を誇る関西の薬剤師養成スーパーエリート校。薬物吸収の分野で世界的に有名な山下伸二教授が教鞭を執ることでも知られている。

超難関大学やしな（笑）。正直、要領がよかったんかもしれへんな。平日は実習、土日は近所にある淀の競馬場。大学は遊べるところやと思ってたけど結構大変でビックリしたわ。

大学、大学院卒業後は、迷わず製薬メーカーのサラリーマンをめざしたよ。安定してるし、メーカーってなんかかっこええやろ！

結果、1993年、24歳のとき関西の大手製薬メーカーに就職して大阪本社で勤務が始まったんや。

## 終業後は朝までパチンコ、ボウリング……人間関係にも恵まれたサラリーマン生活の始まり

――就職してからはどうだったんですか？

そりゃ〜楽しい毎日やったわ。

**淀の競馬場**
JRAが管理する京都競馬場。カジノや賭け事が禁止されている日本において一攫千金の夢と希望を与えてくれるパラダイス。

**――ふつう就職直後って憂鬱になることが多いんですけど、珍しいですね。どんな生活だったんですか？**

憂鬱になる暇なんてなかったわ。夕方6時に仕事が終わって、そのあとはパチンコ屋に行って11時ごろまで。さらに朝4時までボウリングをして、家に帰って仮眠。そしてまた出社や。

**――すごい生活ですね‼　仕事や遊びの疲れもなく毎日過ごしてたんですか？**

若かったし大丈夫やったんやなあ。週末には彼女とも遊んでたし、あのころはほんまよう遊んだわ。

**――仕事のほうはどうだったんですか？**

仕事は雑務で単純作業が多かったんやけど、周りの人がええ人ばかりで、人間関係がよかったから楽しかったわ。そんな感じで入社して7年くらいは楽しく過ごしてたね。彼女と結婚もして順風満帆やったわ。

## 会社の雲行きが怪しくなってきたが楽観視しかし数年後に青天の霹靂の合併劇

――そんなにうまくいっていると何も心配なさそうですね。

給料もよかったし家も建てた。子どもも生まれて何の心配もなく順調やったね。

ところが、2000年くらいからかな、会社の雲行きが怪しくなってきたんや。国家予算のうち社会保障費が占める割合が高いのは知っとるやろ。この頃から国が社会保障費の抑制、医療費削減を強く進めるようになってきたんや。

ジェネリックって知っとるか？ こいつがじわじわ製薬会社の体力を奪い取っていくんや。もちろん薬価もどんどん下がる。なんかやばいんちゃうかと思い始めたね。

**――心配はなかったんですか？**

ウチは大手やったし、老舗の製薬会社やからそれほど心配してなかったね。最悪国が助けてくれるんちゃうの、なんて考えてたわ。せやけど突然来たね、7年後の2007年、会社合併や。

**――大きな出来事ですね。**

合併って株主にとっては株価は上がるしおいしい話やけど、社員に

**ジェネリック**
新薬と有効成分が同じで、同じの効き目をもつ医薬品。新薬に比べ価格が安く膨らみ続ける医療費を削減する。

**薬価**
薬の価格。価格は国の統制を受けている。

とっては大変や。

同じような仕事をしてる部署はまとめられ、人員は削減される。1+1を2でなくて1・5くらいにするんや。その結果、早期退職に応じた人や、自ら転職して出て行った人もいたね。管理職もポジションが無くなるかもしれんから仕事どころやなかったね（笑）。

――安定していたはずの企業もいきなり変わっちゃうんですね……。

楽しく仕事ができてた仲間たちともバラバラ。まさに積み木が崩れた瞬間やったなあ……。さらに、オレがいた部署は東京に引っ越すことになり、大阪に残るなら業務を変えるか転職するしかない、という状況に追い詰められたんや。

## 窮地での「金持ち父さん」との出会い東京への転勤を決断

――そんななかで、ｈｉｒｏさんはどう動いたんですか？

動くも何も、どうしたらいいのか分からんかったよ。大阪が好きやから関西の製薬会社選んで、安定した生活を求めてサラリーマンになったのに、なんやねんこれ、って感じ。

そんなとき、何となく入った古本屋で見つけたのが『金持ち父さん貧乏父さん』（ロバート・キヨサキ著　筑摩書房、２０００年発売）や。立ち読みして、「これや！」と思ったね。８００円で買ってその日のうちに読み終えたわ。

――『金持ち父さん　貧乏父さん』って有名な本ですけど、読んだことな

**いです。**

オレもそうやったんや。読んでみてショックを受けたね。人生のコントロールをできるようにならんと、不安はなくならんということを学んだ。その本には不動産投資のことが書いてあって、それを始めればオレも会社の状況に左右されず、自分で自分の人生をコントロールできると確信したんや。

**――そこで不動産投資と出合ったわけですね。**

そうや。持ってる不動産としては、自宅にしている戸建てがあった。親の土地に新築してて、ローンも返し終わっとった。それを活用しようと思いついたんや。

**――自宅を貸すことを思いついたんですね。**

そうや。あと、東京に転勤すれば、会社負担で賃貸に住めるし、空いた大阪の自宅は貸し出して家賃収入を得ることができる。まずはそうやって種銭を捻出しようと考えたんや。

**――奥さんは反対しなかったんですか？**

「不動産投資を始めたい」って言ったけど、まったくとりあってくれへんかった。でも何回もしつこく話したら、あきれた感じで「勝手にしたら」と言ったわ。嫁さんも薬剤師やったから、心の中で「最悪は自分で子どもたちを養っていこう」と腹をくくったんやないかなと思ってる。

**――腹のすわった立派な奥さんですね。でも転勤となると家族が反対したんじゃないですか？**

当時小学3年生、1年生、年中の3人の子どもがいたからな。3年生の子は転校したくなかったようで泣いてたね。でも、嫁さんも含めて最後は理解してくれた。それで東京転勤を決めたんや。

## 黒塗り車のガラの悪い営業マンとの出会い自宅を貸し出し、初めての物件購入もスムーズに

――東京にいながら、大阪の自宅の賃貸募集をしたんですか？

初めてのことやったから、何から始めていいのかまったく分からんかった。「どないしよ～!?」と思いながら、とりあえずネットで見つけた近くの不動産会社に連絡を取って、営業マンと会うことになったんや。待ち合わせ場所に行くと、そこにいたのは黒い車に乗ったガラの悪そうな兄ちゃんやった。「アカン、これは関わったらあかん人や……」と思っ

たわ。

**――初めてがそんな人だと確かに腰が引けますね……。**

それが話してみるとむっちゃええ人で、賃貸のイロハを丁寧に教えてくれたんや。不動産投資の本には書いてないような、賃貸の裏側のことも教えてくれた。まさに不動産投資の初歩からウラまで教えてくれたんや。

**――人は見た目によりませんね～。それで賃貸のお客さんは見つかったんですか？**

その兄ちゃんが、月15万円で住んでくれるお医者さんを見つけてくれたんや。属性抜群やろ。こんな感じで不動産投資をスタートすることができたんや。

**属性**
収入や職業などから判断される経済的・社会的状況のこと。

ガラの悪い営業マンも今ではベテラン店長に（写真左）

――幸先のいいスタートが切れたってことですね！

なんや簡単にできるやん。そう思ったね。でも自宅を貸しただけでは人生をコントロールできへん。まだまだ収入が足りんしね。そんで新しく投資用の物件を買うことにしたんや。でも……。

――でも？

投資用物件を買うなんて、もっと言うと不動産を買うなんてやったことがないから、どうしていいか分からんかったんや。また「どないしよ～？」の世界や。

――物件を買うのは初めてですもんね。そのときはどうしたんですか？

何を買うか考えたときに、失敗の確率が少ない物件を買おうと考えたんや。例えば、住んでた高槻市。高槻駅前は再開発の動きがあったから、駅前のマンションを買っておけば、値段は下がらんのやないか、と思ったんや。

**――地元のことだからよく分かっていたってことなんですね。**

そうや。ファミリーが住むような3LDKのマンションなら、失敗しても一般人が買ってくれるやろし、大損することはないやろうと考えたんや。

調べてみると、築30〜40年くらいの物件なら、1000万円〜1300万円で買えるねん。相場家賃11万円で貸せれば、ローン返済を差し引いても5万円くらいの手残り。そんな計算をしたんや。この「手残り5万円」っていうのはその後のオレの目安になっていったんや。

**高槻市**
大阪と京都の中間に位置する中核都市。ご当地ゆるキャラの「はにたん」が有名。

――でも、そのときは東京に転勤していたはず。物件を探すなんてできたんですか？

結構大阪出張もあったから、それを利用してたね。金曜日に出張して、土日は不動産屋を回った。高槻駅前のマンションを集中して探してたんで、マンション名を聞くだけで、間取りや売値、リフォームの状況まで分かるようにまでなったわ。

――すごい調べっぷりですね。

結局、自宅を探すような不動産情報サイトで、1080万円の物件を見つけたんや。イメージしていた通りの物件やったから、すぐに買いたいと思ったんやけど、そこでまた壁にぶつかったんや。

――どんな壁ですか？

「どこでカネ借りたらええねん！」っていう壁や。自宅を買うための住宅ローンはすぐに見つかるねんけど、賃貸用物件を買うためのローンはなかなか見つからんかった。そんななかで、賃貸用物件を買うためのローンは「アパートローン」って言うんや、と分かったんや。

**——普通のサラリーマンだと、住宅ローン以外で銀行にお金を借りることってないですもんね。**

でも実際、アパートローンをやってる銀行を回っても地主に新築アパート建てさせるためのローンばかり。築古の区分マンションなんて相手にしてくれへんかった。そんな時、神様みたいな銀行を見つけたんや。

その銀行は東京本社の地方銀行で、当時ユニークな仕組みのローンをやっててな、借入額と同じ額の預金残高があれば、金利を取らないという画期的な貸し出し方をしてたんや。物件の価格の20％程度は自分で現

**築古**
築年数の経過したもの。反対語は築浅。

金を用意せなあかんかったけど、利息の支払いがゼロになるって、素晴らしいシステムやろ。

**——物件はすぐに貸し出せたんですか？**

入居者がいない状態で買ったから、まずはきれいにしようと思ってしっかりとリフォームしたんや。キッチンや風呂、床も壁も新しくしてピッカピカ。そしたら400万円もかかってしもた（笑）。自分が住む目線でリフォームしたからな。

**——それはすごいですね。**

そのおかげで、家賃12万円ですぐに入居者が決まったね。賃貸屋さんにも「こんなきれいな物件みたことないですよ」とびっくりされたわ。さすがにこれはカネをかけすぎたなと反省してるねん。でも、目安にしてた「手残り5万円」はクリアできたんや。

## 順調に買い進めるも…阻む融資の壁
## 借りたあとに判明「貸したらアカン」人やった？

——その後はどうやって物件を増やしたんですか？

だんだん知恵がついてきて、3戸目は入居者がいる状態の物件（オーナーチェンジ物件）を買ったんや。そうすれば当面は修繕も入居者募集もいらんからな。築12年で表面利回り8％、1800万円の区分のファミリーマンションや。

——融資はどうしたんですか？

今回は築浅の物件やし、融資期間が長く取れると思ったんで新たな金融機関を探したわ。そしたら、ノンバンクで借りられたよ。30年で金利は2・4％。これも手残り月5万円クリアや。

**――順調に物件の数と手残りを増やしていったんですね。**

そうやろ、すこぶる順調やった。このパターンで買い進めたら目標なんてすぐに達成できると思ったね。しかし現実は厳しかったわ。4戸目の決済終わったあと、お世話になってる東京本社の地方銀行の担当者が気になることを言ったんや。

**――何を言われたんですか？**

「田中さんは借りすぎですので、ここで融資は終了です。これ以上貸せません」やて。

**ノンバンク**
金融機関の一つ。お金を貸してくれるがお金を預ける機能がないところが身近な銀行とは異なる。

――融資ストップってことですか？

そうや。会社員としての勤続年数や年収なんかから融資を受けられる枠が決まってるんやて。それを目いっぱい使い果たしてしまったっていうわけや。せやからもうこの銀行からは借りられへん。ほかの金融機関を探すしかなくなったってわけや。ほんまショックやったわ。

――次の物件はどうやって買ったんですか？

5戸目は茨木市で1800万円の築20年の一戸建てを買おうとしたんや。家賃は20万円と高かったんでむっちゃ魅力的やったわ。その理由は、福祉関係のテナントが入っていたからなんや。

――住居じゃなくて、お店だったんですね。

例の地方銀行がだめやったから、ノンバンクに借りに行ったんや。そしたら、金消契約直前に呼び出されて融資を断られたんや。理由は詳しく教えてくれんかったけど、恐らくテナントの関係やったんちゃうかと思うんや。

**——そういうこともあるんですね~。**

それで困ってたら、売主側の不動産屋さんから、「知り合いの信用金庫なら融資してくれるかもしれないよ」と声かけてくれたんや。オレ、いつもそうなんやけど困った時には神様が降りてくるねん。

うまく話がまとまり1240万円を、15年、3・5%で貸してもらえたんや。ほんま嬉しかったわ。この物件は目標の2倍、10万円の手残りやったしね。

**金消契約**
「金銭消費貸借契約」の略。ローン利用などで金融機関からお金を買い入れる際に取り交わす契約。

**——それで無事買えたってわけですか？**

そう思うやろ、それが、またひと悶着あったんや。決済が終わった翌日、信金の担当者から電話があって「田中さんは本当は貸してはいけない人でした。今すぐ契約取り消してください」と言われたんや……。

**——ええっ！　どういうことですか？**

信金って地元の人に融資するところやん。なんかおかしいと思ってたんや。関東に住んでるって黙ってた訳やなくて正直に言ってたんやで。そしたら支店レベルではＯＫやったんやけど本部に情報が流れた途端にダメやったってことが分かったらしい。

それで大騒ぎになったんや。最終的には決済完了してるからもう返せへんし。ということで特別対応となって、融資取り消しはなくなった。

――安心しましたね。

でも、その後も特別対応ということで、金利交渉もできへんし、なんか気まずい感じやったね。

## 任意売却物件……開けてみたら犬・猫屋敷だった？ リフォームで家賃の3年分が吹っ飛ぶ

――次はどんな物件だったんですか？

土地がついてると担保評価が高いことが分かって、次も戸建てにしたんや。これも高槻市の物件で、築15年の1050万円の土地付き戸建て。住宅ローンを返せなくなった任意売却物件やった。

融資もノンバンクで900万円借りて、返済期間16年、金利2・8％

**担保評価**
融資に担保として設定する不動産の評価額。

**任意売却**
ローン支払いに行き詰まった債務者が競売にかけずに売却すること。通常、専門業者が債務者と債権者の調整を行い市場に流す。

の条件になった。

**――ローンが返せなくなって家が売りに出てしまったんですね。**

返せなくなった人はそのまま住み続けたいっていうことやったから、オレが買ってからそのまま賃貸する形で住み続けてもらうことにしたんや。家賃が11万円で交渉成立したから、利回りは12％。手残りも目標の5万円。

**――そのまま住んでくれると、入居者を探す手間が省けますね！**

そうや。結局4年ほど住んでくれて退去になった。そこで初めて中を見に行ったら、大変なことになってたんや。

**――退去して初めて自分の物件の中を見に行くってことですね。**

家の中はすごい悪臭。嗚咽が止まらんかったね。人が死んでるんちゃうかと思うほどや。床もボロボロでフカフカしとるし。窓を開けても匂いがとれなくて、近所から臭いと苦情がでる始末。もう築20年の状態ちゃうねん。

ほんま最悪やったわ。あとで、犬8匹と猫5匹を飼ってたってことが分かったんやけど、よくこんな家で生活してたと思うわ。

**——犬・猫屋敷だったんですね……。**

リフォームしてもらおうにも業者がやりたがらへん。何とか業者を見つけてリフォームしたら匂いもとれたね。外壁塗装なども併せてやったんで、結局340万円かかってしもた。約3年分の家賃がリフォーム費用で吹っ飛んでもうた。ほんま最悪やろ。今も思い出すだけで吐き気がするわ。

開けてビックリ、犬・猫屋敷。
部屋はボロボロ、異臭が充満。こんなところに人が住んでいたとは……。

## 1日7行を回ってヤリ手銀行員と出会い1棟ものへ。管理会社変更、内装を整え5つの空室を一気に解消

**——そのあとも戸建てを買い進めたんですか？**

いや、この段階で月のキャッシュフローが50万円くらいになっていたんで、そろそろ大きな借り入れを起こそうと思ったんや。不動産投資にも慣れてきたし新しいことをしたかった。そこで、1棟もののアパートやマンションを買うことにしたんや。

**——規模を一気に拡大したんですね。**

欲しいと思ったときに物件って現れてくるんよね。ちょうど高槻市内で、鉄骨造の1K18室のマンションを見つけたんや。売値は6300万

円。空室4部屋あるけど現状利回りは12％。これは欲しいと思ったね。

**――融資はどうやって受けたんですか？**

不動産投資にうとい業者やったから融資先探しに期待できんかった。せやから自分の足で探しまくったよ。大阪市内から高槻市まですべての地方銀行を回ったわ。30分刻みの面談計画立てて1日で7行回ったで。

**――7行！　すごい数ですね。**

こっちも必死やからね。ほとんど銀行は同じこと言いよるねん。残耐用年数までの融資期間が前提ってね。そうなると思ったほどキャッシュフローがでえへんやん。せやから金利より融資期間重視で交渉したんや。そう、そしたら今回も神様が現れたんや。最後の最後に訪問した滋賀県に本店のある銀行でヤリ手の行員さんと出会って、返済期間20年まで

**耐用年数**
減価償却資産が利用に耐える年数。木造22年、鉄骨34年、RC47年とされている。

滋賀県に本店のある銀行の行員さん。
「この人に出会わなかったら今の私は存在しません」とのこと。

延ばしてくれた。金利は3％。ほんまに感謝や。これで月に20～30万円のキャッシュフローが出る物件を買えたんや。

**――たくさん回った結果いい出会いにつながったんですね～。**

やっぱ自分で動いて面と向かって話をすれば解決策は見つかる。この時学んだわ。

でも買ったあとも大変やったんやで。18戸中4戸が空室で、さらに1戸退去の予定があった。部屋はむっちゃ狭いし、バス・トイレ・洗面台がセットになっている不人気の3点ユニット。まったくええとこない状態。せやからリフォームに力を入れたってん。ＩＫＥＡのグッズを使って飾りつけをしたりしてね。それでもなかなか埋まらんかったんや。

**――それだけ手を入れても埋まらないっていうのはなぜだったんでしょうか？**

ＩＫＥＡ（イケア）
スウェーデンの家具メーカー。自分で家具を組み立てるのが特徴。

家賃も相場家賃やったし、部屋もピカピカに改装したのに、なんで？と思ったわ。管理会社は売主から引き継いだところで、そこに賃貸募集も任せていたんや。試しにその会社以外にも物件の情報を持ち込んだら、「この物件は見たことありません。自分のところだったらすぐお客さんを見つけられます」って言われたんや。

どうも管理会社が情報を外に出してなくて、抱え込んでたみたいなんや。結局、その管理会社は解約して、地元の管理会社に変更したら、1か月で満室になってもうた。

**――管理会社がネックになっていたんですね。**

そうなんや。オレは部屋が空くたびに毎回部屋の内装を変えるようにしてるねん。そんなマンション今までなかったから賃貸屋さんが喜んだ。あそこに連れてくとお客さんの目が変わる。すぐ決まる、って評判になったんや。

**管理会社**
賃借人との折衝や家賃の出納などの業務や物件維持に関する業務を家主から受託する会社。

あんまり早く決まるんで、空きが出るたびに徐々に家賃を値上げしていったんや。そしたら当初家賃より1万円アップしてたわ。笑うやろ。

**――部屋の内装を決める工夫がなにかあったんですか？**

オレも賃貸住まいなんやけど、部屋探しってなんか退屈なことない？広いか狭いか、新しいか古いか、駅から近いか遠いか。間取に多少違いがあってもあんまり変わらへんやん。

なんで洋服選ぶみたいに物件選びを楽しめへんのやろ、なんでワクワクせえへんねやろ。

そんな思いがあって、自分の物件なんやから、なんかエッジの効いたおもろい物件作ったろと思ったんや。毎回1部屋1部屋違う部屋にするから、賃貸募集のサイトで以前の写真が使えなくて、業者からは写真の使いまわしが出来へんって評判悪かったわ。

あと、ターゲットや。具体的には、新卒で就職する女性や。就職後5

年で彼氏ができて10年後に結婚で退去するようなイメージやな。

**――設備なんかはどうしてるんですか？**

基本セットとして、カラーモニター付インターホンをつけて、スイッチはコスモに変える。お風呂もピカピカに塗装する。あんまりお金かけんでも効果がありそうなところを中心にね。あとは部屋を見た時のひらめきや雰囲気を重視してるんや。窓に棚をつけて植物を置いて光を当てる。カーテンもＩＫＥＡでいろんな布地が売ってる。えーと…ペタストリー…？

**――タペストリーですか？**

そうそう、それや。タペストリーを使う感じで飾り付ける。季節感も欠かせへん。夏が近ければサーフボードを置く。春が近ければ緑を置い

**コスモ**
パナソニック製のスイッチで「コスモシリーズワイド21」のこと。古いスイッチもコスモに交換するだけでスタイリッシュな部屋に変身する魔法のアイテム。

て、クリスマスが近ければクリスマスのものを置くんや。

——内装の工夫をしてるからお客さんも住むイメージがわきそうですね！

## 高槻の営業マンはみな友達⁉ 遠隔地でも心をつかむＬＩＮＥ活用術

——関東にいるからなかなか大阪の営業マンと仲良くなるのは難しいんじゃないですか？

そんなに会わんでもコミュニケーションは十分とれるんやで。その秘密はＬＩＮＥや。賃貸屋さんの営業マンと仲良くなったら、ＬＩＮＥを交換するねん。何かあったら「ＬＩＮＥして」と言うようにしてるねん。で、物件に空きが出るたびに、ＬＩＮＥでメッセージを送るねん。

ＬＩＮＥ（ライン）
無料でメッセージや音声通話などのコミュニケーションができるアプリ。

**――営業マン個人とＬＩＮＥでつながってるんですね！**

そや。メールやとちょっと固い感じやし、ＦＡＸやと見る前に捨てられてしまいそうやん。ＬＩＮＥやったら手軽にやり取りできるし既読の確認もできる。この間なんか入居希望者がピースサインした写真が送られてきてビックリしたわ。「こんな可愛い女の子なんで家賃負けてくださ～い！」やって。笑うやろ。

**――ＬＩＮＥをそんなふうに使ってるんですね。**

ＬＩＮＥでは空室情報を流すけど、ノリがいい人やと趣味の話にもなる。それでより深く仲良くなれて、後々営業にもつながる。そうなるとむっちゃ面白い。生の情報がとれるしな。

こんな感じなんで、最近店舗に訪問しても雑談しかしてないねん。物件の営業する必要ないねん。顔見たら何しに来たか分かってくれるからね。

**――こんな人ライバル物件のオーナーにいたら嫌ですね（笑）。絶対勝てなさそうです。**

あとオレは営業マンに「お客さんに合わせて家賃つけるから、物件気に入ったお客さん来たらすぐ連絡して」って言ってるねん。募集の家賃は一応決めるけど、絶対ってわけじゃないんや。

**――お客さんが希望する家賃に合わせるってことですか？**

そうや。そうすると営業マンはやりやすいらしいわ。ほかのオーナーは千円でも値引きを嫌がる人がいるなかで、オレは地元の営業マンに交渉しやすいオーナーやと認知されてる。だからすぐに入居者が決まる。

営業回りの一コマ。
頼りになる営業マンと雑談。高校の先輩でもある。

空きが出てLINEで情報を送ると「うちに案内させてください！」「客付け頑張ります！」ってすぐに反応があるんや。嬉しい限りや。

## 購入申し込みが遅かったから買えた!? 相場の3分の1で手にした残置物満載物件

――ほかに変わった物件を買ったっていうエピソードはありますか？

あるある。ネットで戸建て物件の情報を検索してたら、高槻で500万円の戸建てを見つけたんや。土地も25坪もある。土地値だけでも1200万円くらいや。「これいいんちゃうの？」と思って調査をかけたんや。

そしたら、安さの原因は私道負担が半分以上あるからやと分かったんや。さらに部屋の中は残置物満載で、そら売れ残るわな、って状態やっ

**私道負担**
対象となる物件の土地の一部が私道となっており、その部分には建物が建てられない。

た。私道負担なんて気にせえへんし、残置物の処理なんて簡単やし、それらを踏まえて300万円の指値で申し込みしたんや。

**――思い切って安く買おうとしたんですね。**

俗にいう鬼の指値ってやつやね。でも希望は通らんかったんや。仲介業者から「前も同じ300万円で申し込み入れて断られた人がいたからダメだ」と言われたんや。そこでひらめいたんや。長い間売れてないので売主さんも早く処分したいはず。

もう少し色を付けたら気が変わるかも、なんて根拠もない勘が働いたんや。それで、「残置物の処分も含めて330万円で買います。ただし3日以内に返事いただけなかったら見送ります」って交渉したんや。売主はもう我慢できへんかったんやろね。すぐにOKきたわ。

**――先に安い価格で申し込みが入ってたから、それより少し上を提示した**

**残置物**
居住者が退去の際に残していった私物（家具・生活用品等）。

**指値**
物件を購入する時に値段を指定すること。

**ら買えたってことなんですね！**

そうや。オレが先に３００万円の指値を入れても買えんかったと思う。先に鬼の指値いれてくれてたから、オレの指値が効いたんやないかな。あきらめず、売主の気持ちを予想して行動したからこそ安く買えたんや。

リフォーム代やごみ処理代などで１１０万円ほどかかったけど、７・１万円の家賃で貸せたからトータル利回り19％や。ええ感じやろ。

**――ブレないで希望価格を貫いて上手に交渉するのもポイントですね！**

## 円満解決のはずが、いきなり訴えられた!?
## 2日徹夜で訴訟資料作成

**――ｈｉｒｏさんが賃貸経営で苦労したことってほかにありますか？**

いっぱいあるよ。例えば、いきなり訴えられて被告人になったし。

**――裁判ですか？**

そうや。さっき話した福祉関係のテナントが入った戸建て（90頁参照）の退去をめぐって訴訟になってるんや。その福祉事務所は障害を持つ人向けの事務所やったんやけど、かなり長い間使ってた上に特殊な施設なので、どうしても扉や壁などボロボロになってしまってた。

原状回復費用だけで敷金を余裕で上回ってたんやけど、長く使ってくれてたってことで、敷金全額を充てることで、福祉事務所の担当者と合意したんや。

**――そこまでだったらすんなり退去で終わりそうですけど……。**

退去完了しました、という書類に理事長からサインもらうことになってたんやけど、3か月後に送られてきたんは訴状やったんや。敷金返還訴訟ってやつで、いきなり裁判所から出廷命令やで。テナントとはいい関係を築けていたと思ってたんで、むっちゃショックやったわ。

**――それは大変でしたね…。**

係争中なので詳しいことは言えんけどオーナーチェンジ物件の契約書は要注意やで。弁護士を雇ったり、徹夜で裁判資料を作ったり、ほんま大変やった。でもこの時、色んなことを学んだね。

## ボロボロの福祉事務所もお宝に。入居者とビジネスパートナーになって家賃10万円アップ！

## ――ほかには印象に残ってるエピソードってありますか？

オレって困ってるとき、いつも神様が降りてくるねん（笑）。さっきの福祉事務所の話なんやけど、ボロボロで修繕費用も500万円以上かかる。売却の査定をしても残債程度の価格提示。どないしようかなと思ってたら、賃貸屋さんの営業マンから民泊の話聞かせて欲しいって呼び出されたんや。そしたらそこにもう一人、民泊に興味を持つ人が一緒にいたんや。

話を聞くと福祉サービスの若い経営者やったんや。なんか凄いめぐり合わせやろ。それで例の物件を見せたら「駅前で立地がいいし、設備も整ってて福祉事務所として許可取れます。そのまま福祉事務所として使えますよ！」って言われたんや。

オレにはボロボロで残念な物件にしか見えへんのに、見る人が変われば価値が変わるんやね。ほんまビックリしたわ。でも問題があったんや。

## ――どんな問題ですか？

福祉事務所を立ち上げるにはそれなりに現金がいるんよ。事務所の敷金や礼金、仲介手数料。物件借りたら次は改装費用。事業するためには人を雇ったり、車用意したり事務機器のリース。

さらにこの手のビジネスは病院と同じで、売り上げが発生しても入金されるのが3か月後。この経営者は事業を拡大したくても、これらに必要な現金が足かせになり難しいことが分かったんや。

つまり、お客さんはいるのに場所とカネがないってことや。一方で、オレは場所とカネはあるけど事業するためのノウハウがない。もちろん人材もない。ここで思ったんや。お互い協力したらおもろいことになるんちゃうか、と。

そこで、「よっしゃ分かった！　役割分担してこの事業計画進めよう」ってことで話をしたんや。

**――どんな分担になったんですか？**

オレには物件がある。なので物件を貸せる。敷金礼金は後々の家賃で回収できたらいいのでなしにする。直接賃貸契約するので仲介手数料は不要。改装はもともと必要経費と考えてたので折半で合意。運転資金はオレからの貸付で２００万円用意。20回払いで無担保保貸付。

ここまでやってうまく事業が開始できたら家賃で資金回収。入金の無い最初の３カ月は家賃７万円。次の半年は20万円で事業を起動に乗せる。うまく回りだしたら家賃30万円にする。もちろんこの条件で交渉成立や。

**――単なる賃貸業だけではなくて、トータルのビジネスパートナーっていう感じですね。**

そうなんや。でも普通の賃貸やるよりリスクあるで。契約書なんて交わしてないからね、すべて口約束やし。サラリーマン時代ではありえへ

福祉サービスのやり手経営者と打合せ。
定期的に業務報告を受ける。

んよね。この時点で彼とは2回しか会ってへんけど、オレは信じたね。
このスピード感、ノリで動いてる感じ、この感覚がオレにはすごく面白かった。あと、物件だけでなく事業も作っていけたってところもね。オープン直前に行政の方針が変わってちょっとピンチはあったけど、経営者の彼がすごく頑張って許認可取ってくれた。オープンにこぎつけた時はみんなでガッツポーズしたよ。

## 上司が変わり風向きが変わる「低評価」されてラッキー?

——話は変わりますけど、サラリーマンを辞めたときのお話をきかせてもらえますか?

2013年に上司が変わった。それまでの上司は任せてくれる人で、のびのび仕事ができたんやけど、新しい上司は管理したがる人やった。それが結構ストレスやったわ。結局、次の年に異動させられた。

**――新しい部署はどうだったんですか？**

新しい仕事になったんで、新入社員と同じような感じで分からないながらも仕事に取り組んでたんや。仕事自体は嫌ではなかったから楽しく取り組んでたよ。でもすぐに戦力になったわけではなくて、結果を出すには少し時間がかかったな。

**――新しいところでも楽しめていたんですね。**

そんな中で会社の経営が傾いてきて、２０１５年に人員削減の波がきた。リストラや。リストラコンサルの人材会社も入って、社員をふるい分けするんや。オレは異動直後で結果を出せてなかったから給料高くて成果が低い「低評価」。つまりリストラの候補に入ってしまったんや。

**――異動のタイミングとリストラが重なって不運でしたね……。**

会社って残酷やと思ったよ。45歳以上が対象で全員部長と面談や。その中でも「低評価」のレッテル貼られた人間には、毎週毎週退職勧奨面接やで。そこで言われたのは「今辞めたら割増し退職金が出るよ」と。提示された金額を見ると「5千万円！」。
この瞬間頭のなかで「パンパカパーン」とファンファーレが鳴ったわ。

**――会社を辞めてもいいくらいのキャッシュフローがあったからですね。**

合併したときからこの時を想定してたからね。準備もしてたし。面接では「家族と相談します……」と神妙な顔で話した（笑）。
家で嫁さんに辞める考えを伝えたら、やっぱり反対（笑）。「撤回してこい！」って言われたよ。でも、会社に残ったところでリストラ部屋に閉じ込められ、電話片手に転職先を探す日々になることが分かったんで、嫁さんと相談して辞めることにしたんや。

嫁さんも「最悪自分の稼ぎで子どもを養っていく」と腹をくくったんやろうな。

**――やっぱり奥さんすごいです……。**

合併の時もそうやったけど、うちの妻はほんとすごいわ。旦那が嫌々働く姿を見たくない、って言ってくれたよ。それで忘れもしないクリスマスイブに退職届を出した。リストラのノルマがあった部長に貢献しちゃったね。

**――部長も大変だったんでしょうね。**

そうやと思うわ。これまで一緒に仕事をしてきた人やったし辛かったと思う。でもノルマ達成せんと自分の身も危ないし仕方ない。サラリーマンも弱肉強食。自分が生きてくためには人を切っていかなあかん時代が来てるってことやね。仕事も面白くて楽しい職場やったのに残念やったなぁ。

## 貯まったキャッシュで格安戸建ての現金買い 将来のバーゲンセールに備え、お金がお金を産む仕組みを強化

――ｈｉｒｏさんが十分なキャッシュフローを得てから辞めることができたのはなぜだと思いますか？

将来への嗅覚があったんやと思う。合併のとき、ものすごい危機感を

感じられたことが大きかったと思う。それがあったから「自分の人生を自分でコントロールしたい」と思って、不動産投資に動くことができたわ。

**――不安とか危機感っていうものがあったから、ここまで結果を出せたんですね。**

そうやね、それが無かったら平凡なサラリーマンしてたと思う。その状態でリストラされたらどんな事態が起こってたか、考えるのも恐ろしい（笑）。

**――会社を辞めることへの不安はなかったですか？**

もちろんあるよ。これから子どもたちにお金もかかるし、不動産投資も確実にうまくいくなんて確証ないし。でも、そんなに心配してへんねん。今の事業をうまく運営すれば何とか最低限の生活できるやろし、ほんとに生活に困ったらまた再就職すればいいしね。最悪自分が死んでも家族が路頭に迷わん程度の資産は残せると思うねん。そうそう、今までもそうやけど困った時には神様が降りてきそうな気がするわ（笑）。

**――会社を辞めたあとの生活はどんな感じですか？**

急な退職だったんで辞めた後のことなんてまったく考えてなかったんよ。なんで、毎日日曜日って感じかな。妻は働いているんで家事なんかを手伝ったり、これまで妻に任せてた子どもの学校の活動に参加したり、そこでオヤジの会なんかに参加して新たな世界が広がってる。

これまで週末しか動けんかったけど、好きなときに好きな場所に行けるし、会いたい人に会える。そのお陰でこうして取材にも応じられるしね。新たな出会い、新たな体験がほんと刺激的なんよ。

もちろん趣味のフライフィッシングを楽しんだり、折畳み自転車買って日本中をポタリングしてまわろうかと画策してる。毎日日曜日、時間あるしね。

**――充実してますね。投資のほうはどうですか？**

思わぬ収入があったんで、金利交渉に使ったりしてる。あとは、現金で戸建てやテラスハウスなんかを買い進めてる。先週も、区分マンションの売却を依頼してる会社から付き合いで買ったわ。家賃4万1千円の築古のテラスハウスを350万円でね。「売却のほうもしっかり頼むで」と言いながら買ったよ（笑）。持ちつ持たれつって感じやね。

**――現金で買っているんですね。堅実ですね。**

借金のない物件を担保にして、大きい融資を引くことも狙ってるんや。お金は現在の価値。ものを流通させるための道具でしかないって考えてる。インフレになったらその価値が一気に落ちるやろ。物件に替えておけば、家賃収入を生み出すし、共同担保として使うとお金の価値の何倍もの働きをするしね。

**——でも現金で買うと回収するのに時間がかかるんじゃないですか?**

回収っていう意味が分からんねんけど(笑)。土地の値段以下で購入するんで買った時点で儲かってるし、現金欲しかったら売ったらええだけやし。そんなに現金っている?。現金が必要なときいつでも現金に代えれたらいいだけちゃうんかな。

**共同担保**
物件購入時にその物件の担保評価が低く融資額が目標に届かない場合、追加で物件を提供し抵当権を設定すること。

## 不安は常にある。リスクヘッジは「人」資金を集める才覚はこれや！

――不動産投資っていうと、初心者としてはリスクが気になるんですが、そのことはどう考えてますか？

不動産投資だけでいうと、一番は空室やと思う。もちろんそれ以外にもいっぱいある。どんなことで困ったとしても、オレはいつも人に助けられてきたんや。

「困ったな〜、分からんな〜」と思うと、誰かに聞く。すると良いタイミングで良い人に出会えて、教えてもらえる。その繰り返しでやってきた。もし困ったときに、誰にも聞かないで、人にも会わないで1人で解決しようとするのはリスクが高いと思う。人と会うのがリスクヘッジってことやね。

**――ｈｉｒｏさんはどうやって人とコミュニケーションを取っているんですか？**

失敗したことをどんどん人に話すようにしてる。関西人の気質かもしれんけど失敗は「おいしい」と思うんや。「オレこんな失敗したで！」って話すと「オレかってこんな失敗したで！」と盛り上がる。

そんなふうにさらけ出してると、解決策を教えてくれる人が出てくる。オレもほかの人の相談には乗ってる。分からんことはどんどん人に聞いていけばええと思うわ。

**――不動産投資を始めたいけど、不安で一歩が踏み出せない人にアドバイスはありますか？**

オレも今でも不安やで。常に不安を抱えてる。でも始めた頃よりは、不動産投資のことが分かってきてる。でも、まだ「コワッ…」と思う。

一歩踏み出せへん人には、学校で真面目に勉強してきた人が多いと思う。

セミナーや本で学んでも、アウトプットできず終わる。間違いが怖いからや。学校の教育ってそんな感じやもんね。会社もそう、間違ったら左遷やリストラやからね（笑）。でもな、人って間違わな成長せえへんと思うねん。

同じ間違いを繰り返すやつはあかんで。初めての事にチャレンジするのに間違わん訳ないやん。自転車にいきなり乗れた？　コケまくって怪我してやっと乗れるようになったやろ。あれと同じやで。オレはよく「まず1戸買え」と言ってる。

まずは経験してみないと何も始まらない。戸建て1戸とか、失敗してもいい規模で始めればいい。やってみて分かることがたくさんあるんや。「まず1戸」。この言葉を送りたいな。

**――ちなみに、お金がない人はどうしたらいいでしょう（泣）。**

リスクヘッジは人。大家仲間、管理会社さん、工務店さん、不動産屋さん、司法書士さん、行員さん等、一声かければ集まってくれる仲間がいるから安心して経営ができる。

お金なかったら借りたらええやん。銀行が貸してくれへんかったら友達や親から借りたらええやん。オレかって友達や親から借金してる。本当にやりたいんやったら友達や親に説明して説得して借りたらええやん。

逆に人に説明できへんならやめた方がええんちゃう。人からお金も借りられへんなら、まず信用を築き上げることが先ちゃうかな。お金を借りたらしっかり利息を払って返す。

オレの場合、信用して大事なお金を託してくれる大切な仲間がおる。ちゃんと利息も払ってる。１００万円借りて月１０００円の利息や。銀行に預けるよりよっぽどええやろ。オレも儲けて出資者も儲かる。これって素敵やと思わへん？

**――すごい！　そんなふうに借りる方法もあるんですね！　自己資金がないと言ってあきらめる前に、手を尽くしてお金を集めることも大切ですね。**

# 3 区分マンションから始めて退職後も資産を５億円拡大

## アユカワタカヲさんに聞いてみた！

# 3

## アユカワタカヲ

# 43歳で始めた不動産投資。7年間で家賃収入7600万円に。今では年間200本のセミナーをこなす不動産プロデューサー

「宅地建物取引士」「ファイナンシャルプランナー」「不動産コンサルタント」「相続コンサルタント」の資格を持つ、不動産プロデューサー。

1966年大阪府出身。大学卒業後、メディア関係の会社に就職。サラリーマン時代42歳の時、母の死をきっかけに投資の勉強を始め、不動産投資と出合う。スタートしてから7年後の2017年10月現在、年間の家賃収入は7600万円を超える。

「区分」「1棟」「新築」「中古」「23区」「地方」「日本」「海外」様々な物件への投資を通じて知り得た不動産投資の成功への秘訣をセミナーで伝えている。年間のセミナー本数は200本を超える人気講師。メディアへの出演も多い。「不動産はエンターテインメント」をモットーに「人生自由化計画©」を提唱している。

著書に『6億円サラリーマンになる方法～入門編』(平成出版)

ブログ：人生自由化計画.com

ほぼ毎日、メルマガも配信中。

| 所有物件数 | 不動産投資を始めた年齢 | 不動産投資歴 |
|---|---|---|
| 区分6戸<br>5棟82戸<br>戸建1戸 | 43歳 | 7年 |

| 年間キャッシュフロー | 年間家賃収入 | 総資産額 |
|---|---|---|
| 2700万円 | 7600万円 | 11億円 |

**その他の投資**

建設中不動産１棟23戸／海外不動産　区分１戸・戸建１戸／
法人投資（２社）他

※すべて本書執筆時のデータ。所有物件数や金額に関する項目は、売却･買い増し等により変動する。

### ●不動産投資を始めようと思ったきっかけは？

42歳の時、母の死など人生の転換期を迎えました。今後の人生を自分自身で切り開くことの重要さを知り、投資の勉強をスタート。何かの力に引き寄せられるように不動産投資に出合いました。

### ●あなたの投資スタイルを教えてください

嘘をつかず、誠実に対応する。

### ●不動産投資におけるあなたの強みは何ですか？

26年間、サラリーマン生活を続けたことです。サラリーマン時代に得たすべてのスキルが、今の私に役立っています。

### ●普段から気にしている情報収集源は？

人に情報を公開することで、自分に情報が寄せられる。

### ●不動産投資におけるあなたのモットーは？

死ぬこと以外は、かすり傷。

### ●これから不動産投資を始める人に一言

あなたはライバルではなく、チームメイトです。

## 演劇に明け暮れた学生時代
## エンタメに関わるメディア関係会社に就職

――はじめまして。アユカワタカヲさんですか？　サラリーマン時代のお話や不動産投資のことについて伺いたいのですが。

はい！　アユカワタカヲです。年齢を先に言っておきますが、私これでも51歳です。よろしくお願いします。

――最初に、子どものころのことについて聞かせてもらえますか？

大阪府豊中市の生まれで、母方の祖父が工務店をしており、父も建築・不動産関係の仕事をしていました。ところが私は建築や不動産にはまったく興味がなくて、その時ハマったのはエンターテインメントの世界。

ラジオや演劇が大好きでした。

もともとはバンド活動をやっていましたが、テレビで見た音楽番組の中でやっていたコントを見て東京のお笑いに触れました。今でも第一線で活躍されている三宅裕司さん率いる劇団スーパーエキセントリックシアターです。

関西と言えば吉本新喜劇のコテコテのお笑いですが、私の目には東京の洗練された笑いがとても新鮮に映りました。東京の演劇の世界に触れたくて、東京の大学に進んだのは自然な流れでした。

**——学生時代はどんな感じでしたか？**

上智大学の経済学部に進んだものの、当然勉強はせず、早稲田大学の学生でもないのに演劇で盛り上がっていた早稲田に住み演劇を見まくっていました。年間１００本以上の舞台を見ていましたね。学生劇団に入団、そして自分の劇団を旗揚げしていました。

**劇団スーパーエキセントリックシアター**
三宅裕司氏が１９７９年「ミュージカル・アクション・コメディー」を旗印に旗揚げした劇団。劇団員に小倉久寛らがいる。

――就職活動はどうでしたか？

大学卒業後も演劇を続けていきたかったのですが、どう考えても食っていけない（笑）。だから、劇団は卒業と同時に解散して就職することにしました。エンターテインメントの業界で働きたいと思って就職活動を始めたら、運よく子どものころから触れていたメディア関係の会社に拾ってもらいました。憧れの業界だったから、とてもうれしかったのを覚えています。

## 劇団主宰との二足のわらじで充実生活。しかし一転して……

――就職してからのサラリーマン生活のスタートはどうでしたか？

入社1年目、報道関係の部署に配属されました。報道はローテーション勤務だったのでちゃんと休みがあったんです。意外と自分の時間が持てたんですよね。だから解散した劇団を再結成しちゃいました（笑）。20代前半から30代半ばまでは小劇場界を走り続けましたね。下北沢、新宿、青山、大阪、そしてニューヨークでも公演しました。

**——二足のわらじを履きながらのサラリーマン生活だったんですね！**

昼はメディアの派手な世界で仕事をして、夜は稽古場で舞台演出、夜中は自宅で脚本を執筆。寝る時間もなかったですが、めちゃくちゃ楽しい毎日でした。

31歳の時には結婚もして、36歳で第1子の息子が生まれ、38歳のときマイホームも買いました。やりたい仕事ができて、家族も家も持てて、何不自由ない生活ができていましたね。

**――はたから見ていても、順風満帆に見えます。**

でも、住宅ローンを背負った翌年の39歳のとき、いきなり会社に買収騒動が持ち上がったんです。朝、本社に出社すると玄関前に沢山のテレビカメラが並んでるんですよ。なんだなんだ?って感じですよ。

社内に入っても何の情報もないし、そうしてパソコンをひらいてインターネットを見たら、買収のニュースが出てきました。言葉を失いました。渦中にいる私たちに情報はこないし、明日はどうなるのか、誰も分からない状態でした。

**――なんの前触れもなく起こったんですね。**

はい。結局買収は免れたのですが、このとき「会社は社員を守れないものなんだ」と実感して、不信感のようなものが芽生えるようになりました。あのときから「会社がなんだかおかしくなったな」と感じましたね。

**――社員にはどうすることもできないですよね。**

さらに2008年42歳のとき、リーマンショックが起きてメディア業界も大打撃を受けました。ボーナスカット、基本給25％カット、リストラの三重苦がのしかかりました。仕事が出来ない人はどんどん社外に出されました。

**――一気に厳しい状況になりましたね。**

黙って見ていることしかできませんでした。仕事の予算が70％になったものの、利益はこれまでと同じように出さないといけない。メディア人としてやりたいことが全然できなくなって、利益を出すためだけの施策が平気でまかり通るようになっていきました。

**リーマンショック**
アメリカの大手証券会社・投資銀行リーマン・ブラザーズの破綻（2008年9月15日）が引き金となった世界的な金融危機および世界同時不況。世界のほとんどの国の株式相場が暴落し、逆資産効果は世界最大の消費国アメリカで深刻な消費減退を招き、対米輸出不振を通じて、アメリカばかりでなくヨーロッパ、日本が第二次世界大戦後初の同時マイナス成長に陥った。

作りたいコンテンツがまったく作れなくなって、あれだけ楽しかった仕事にどんどん魅力を感じなくなっていきました。

## 人生を変えた2つの出来事
## 会社の環境はさらに厳しく

――そのあとはどうなったんですか？

２００９年、私にとってその後の人生を変える象徴的な出来事が２つ起きます。１つ目は、航空会社の経営破綻です。私が唯一持っていた株がこの会社の株だったんです。当時投資とか財テクとかまったく勉強してなかったんですが、株主優待の航空券を目当てに２００万円分くらい持っていました。

航空会社の経営が危ういという報道がメディアで流れるようになり、

株価がどんどん下がっていきました。私は知識がなかったので、どう対応すればいいか分からなかったんですよね。経営がどうなっても、株主優待券だけは送られてくるだろう、ぐらいの気持ちでした。

半年後、全て紙切れになりました（苦笑）。もちろんその後、今日に至るまで1枚も株主優待券は送られてきてません（笑）。

**――唯一持っていた株が紙切れに。そんなことがあるんですね……。**

あの時に投資の知識を持っていたら、被害を最小限に食い止められていたのになあ、と今では思います。

さらに2つ目の出来事は、母親の死です。73歳だったのですが、前日まで元気で過ごしていたのに、突然、心筋梗塞で亡くなりました。

大阪の実家で、寝ている間に心筋梗塞を起こして、翌日起きてきませんでした。なんの前触れもなく人は死ぬ。「俺も突然死んでしまうんじゃないか……」と不安になりました。
この2つの出来事を経て、「このままじゃいけない、お金の勉強を始めよう」と思うようになりました。

**――ショックな出来事が重なって、前に進むきっかけになったんですね。**

幸い、当時はカミさんと共働きだったこともあり、同じ年に住宅ローンを5年で完済できたんです。ほとんどカミさんに出してもらったんですが（笑）。でも当時、私はお金の知識がまったくありませんでした。
まず勉強したのが、株式、投資信託、FXです。メディア業界は好きだったので、転職せずに、本業以外の収入を増やせないか、と考えたんです。

**――サラリーマンの仕事のほうはどうだったんですか？**

会社の経営自体がどんどん危うくなって、部長などのポストが減り、出世しにくくなりました。管理職になっても、現場の仕事が続きます。「これからの時代はプレイングマネージャーの時代だ」と言われましたけど、「いつまで現場にいなきゃいけないの？」って感じでしたね。

給料も人も減ってるのに仕事がどんどん増えていきます。60人の部署が10人になったり、仕事を外部発注するようになっていました。

**――それでも転職は考えなかったんですね。**

転職より、独立がいいと考えたんですね。当時43歳になっていましたが、50歳の時に本業以外の収入を今の年収と同額にして独立しようと決めました。

会社にいても自由にコンテンツを作れない。いつかはメディア会社の経営に携わりたかったけれど、今はできない。それなら、独立して経営者になるほうが面白いかなと思いました。

## 多くの人が不動産投資で会社を辞めている！
## 1年半で区分13戸を順調に買い増す

**――お金の勉強をしたあとはどうなったんですか？**

勉強をしていくなかで、不動産投資に出合いました。ロバート・キヨサキさんの『金持ち父さん　貧乏父さん』もそのひとつ。不動産投資でサラリーマンをリタイアしている方の多さに驚きました。新聞に載っていた不動産投資のセミナーに行ったり、不動産投資で成功されている先輩投資家さんのメルマガを読んだりしました。

**――不動産投資がいいと思った理由を教えてください。**

不動産投資がいいのは、忙しいサラリーマンでもスタートできそう、と思ったからです。相変わらず毎日の仕事は忙しいし、株やＦＸだと株価や為替が気になって仕事に影響するんじゃないかなあって。

不動産投資って、何か人任せにできそうだ、と思っちゃったんですよね（笑）。現に、本やセミナーで、成功して独立している先輩がたくさんいたので、自分にもできそうだな、と。

**——どんな物件を買おうと思ったんですか？**

最初に良いと思ったのが、中古の区分マンションでした。いくつか業者が主催するセミナーに行って個人的にフィーリングの合う担当者と出会いました。その方が必死になって物件を探してくれたんです。

そして２０１０年７月に三軒茶屋に最初の物件を買いました。

１７００万円ぐらいの物件ですね。幸い同じくらいの額の現金がありましたが、使わずに全額ローンを受けました。なにかあったときには、自分の手持ち資金で返済できるし、立地がいいので、一番怖い「空室」

にもならないだろう、と。表面利回り6・5％で、手残り月2万円ぐらいでした。

## ——最初の物件を買ってみてどうでしたか？

月2万円だから、これを20戸買えば月40万円になると思いました。まだリタイア目標まで7年あったのですが、やるしかないなって感じで。1年半で一気に13戸の区分マンションを買い進めました。

世田谷・新宿・中野・大田・渋谷・文京・港区など23区内の鉄板の物件に絞って買いました。なるべく現金は使わずに手持ちの資金を見せながら、合計約2億円近くの融資を受けました。

## ——1年半で、13戸ってすごいペースですね！

でも、そこで融資が止まりました（苦笑）。サラリーマン投資家に積

**23区内の鉄板の物件**
人口の多い地域は、周辺の開発も積極的に行われて街が活性化され、さらに人が集まることが予想される。住みたいという需要が高まれば、それだけ空室リスクも下がることも期待できる。

アユカワ氏が最初に購入した
三軒茶屋の区分マンション

極的に貸す地銀でも融資が下りなくなって、そこでどうしよう、と。無借金の自宅はありましたが、自宅を担保に入れるのはカミさんが断固反対していましたし。

そこまで買い進めて、区分マンションは積算評価が低いので、融資が厳しくなるんだ、と分かりました。

## 海外に活路を求めジョホールバルへ何もない小山の前で投資を決断

——融資が止まったあとはどうしたんですか？

何処でもいいから貸してくれる銀行はないか、と探し回りましたね（笑）。国内の金融機関がダメなら、海外も含めて、っていう感じで。そしたら、海外のある銀行が貸してくれるらしい、という情報が入ってき

**積算評価**
不動産の価値を算出する方法のひとつ。金融機関が物件の担保としての価値を測る目安として使用され、融資可能金額に関わってくる。一般時には区分マンションよりも一棟ものの方が積算評価は高い。

たんです。その投資先は海外の物件で、マレーシアの物件でした。

**——海外の、それもマレーシアですか？　行ったことはあったんですか？**

いや、全然（笑）。でも、貸してくれるならどこでも、という気持ちで買いましたね。買ったのは、マレーシアの南端にあるジョホールバルという街の物件です。紹介されたのは新築物件で、まだ出来上がってない。現場に行ってみたら、小山があるだけで、「ここにマンションができるんです」って（笑）。

**——何もない状態でですか!?　本当にできるのか不安じゃありませんでしたか？**

かなり不安でした（笑）。今でこそジョホールバルはかなり開発が進んでいて、ビルやマンションも多く建っていますが、僕が行った

**ジョホールバル**
マレー半島南端の都市。海峡を越えたシンガポールとは、車で5分の距離。2006年から「イスカンダル計画」という巨大都市計画プロジェクが進行中。1997年にサッカー日本代表が初めてワールドカップ本戦出場決定を決めた「ジョホールバルの歓喜」で知られている。

2012年当時は、ジャングルのなかにちょっと街がある感じ。でも、何か可能性を感じたんですよ。街が発展していく可能性を。

私は、生まれが大阪の豊中市で、千里ニュータウンなんです。千里ニュータウンってほとんど竹やぶだった地を開発して、1970年には大阪万博が開催されて、みるみるうちに街が出来上がっていったんですよね。

その姿を子どものころから見てましたから。ビルの建設とか見ると、何だか血が騒ぐんですよ(笑)。子どものころ見ていた風景を思い出して、ジョホールバルの街の発展に携わりたい、という思いで出来上がってもいない新築マンションを購入しちゃいました。

およそ100平米の新築コンドミニアムで、当時の日本円で換算すると1600万円程度でした。先日出来上がって、念願の対面も果たしてきました。

**――ちゃんと出来上がったんですね！　どうでしたか？**

マレーシアのジョホールバルで購入した新築マンション

予定よりは1年遅れでしたけど、本当にできたんだ、という気持ちでした(笑)。マレーシアの新築物件のなかには、途中で建設が止まっちゃっているものもありますから、完成しただけでほっとしましたね。

この本に出てくる3人と一緒にジョホールバルまで行って実際に部屋の中に入って見てきたんですが、感慨深かったですよ、私も少しは街づくりのお手伝いができたなと。

**――その後も海外の物件は買ったんですか?**

もう1つジョホールバルの物件を買いました。そっちはすでに出来上がっている物件で、戸建ての物件です。すでに賃借人もいて、家賃も入ってきていますよ。マレーシアリンギットですけど(笑)。ローン返済を差し引くとトントンくらいですが、いずれ売却してキャピタルゲインが得られたらいいなと思ってます。

**マレーシアリンギット**
マレーシアでの通貨単位。1リンギット=25・81円(2017年9月11日現在)。「MYR」と表示される。

**キャピタルゲイン**
購入した不動産を、購入金額以上の値段で売却して得

## 第2ステージに向けて重大決断
## しっかりとした勉強で1棟ものへの転向

**——でも、海外の物件ではキャッシュフローが出ないのでは？**

そうなんです。このままでは「50歳で独立」という目標が達成できない、これはもう「1棟もの」にいかないと伸ばせない、と判断しました。

ある都市銀行に行って、今持ってる13戸の区分マンションを全部売却するので、1棟ものを買うお手伝いをしてくれませんか？　と伝えたところ、その都銀さんはOKしてくれました。こうして、区分マンションの売却作業と1棟ものを探す作業を同時に始めたんです。

**——それまで懸命に買ってきた物件を売らないといけない、と判断したんですね。**

られる売却差利益のこと。（例）1500万円で買った不動産を4000万円で売却……2500万円のキャピタルゲイン。

目標を達成するにはそれしかない、私の投資人生、第2ステージが始まるんだと、自分に言い聞かせました。コツコツ買ってきた物件を売るのには勇気がいりましたけどね。でも、いくつかの区分マンションは買った値段より高く売れました。

そして2012年12月、ある不動産業者から、練馬の徒歩5分の1棟ものの情報が持ち込まれました。築3年の築浅で、1億1500万円で当時利回り8%の鉄骨マンションです。

購入と同時期に法人を作って、融資を受けました。

**――いよいよ1棟ものに進出したんですね。**

これは、保有してる物件で唯一サブリースをかけてる物件です。地場の不動産業者のサブリースをつけるのが購入の条件だったんです。しかし逆に空室の心配がなく、低い金利で長期で借りられましたので、月におよそ40万円のキャッシュフローが確実に出ています。

**購入と同時期に法人を作る**
物件を購入する際に、個人名義で購入するのではなく、自分自身を代表取締役となる法人を設立し、法人名義で物件を購入すること。個人に比べて「金融機関の信用が高まる」だけでなく「一定以上の所得であれば、個人事業主よりも税負担が軽くなる」というメリットがある。

**サブリース**
毎月、一定の管理手数料を支払えば、空室が発生しても不動産管理会社が家賃を保証してくれるサービス。管理手数料は10%~20%と

**――1棟ものに進む前にはやはり勉強をしたのですか？**

はい。区分マンションは、買うのも楽だし管理も管理会社に丸投げできます。深い知識がなくてもサラリーマンの片手間でできますよね。けれど、1棟ものはしっかりと勉強しないと怖いと思っていました。

ですから、忙しいなかでしたが勉強しましたね。不動産投資を学べるスクールで一から知識をつけました。勉強して初めて、知らなかったことの多さに驚きました。それまで、いかに自分が浅い知識だけで不動産投資をやっていたかということを痛感させられました。今ではそのスクールで私が教えてるんですけどね（笑）。

しかし、この1棟ものに舵を切れたことが、最終的にサラリーマンをリタイアすることにつながったので、自分にとって大きな転換点だったと思います。

少し高めだが安定した利益を得る事ができる。ただし、手数料や家賃は数年ごとに契約が見直しされる可能性もあるため、月々の返済額と見比べながら事業計画を立てる必要がある。

# 即断即決即行動で人生を変える物件を購入
# 家族への思いやりを大切に不動産投資を進めた

**――その後はさらに物件を買い増していったのですか？**

2013年3月に、中野区内で平成4年築のRC1億7000万円の物件を、都銀でフルローンの融資を受けて購入しました。利回りは9％で、満室時のキャッシュフローは月40万円です。

**――この物件はどのようにして買ったのですか？**

練馬区の物件を紹介してくれた不動産業者さんの紹介で買いました。情報が来たのが水曜日。メールで送られてきました。会社のPCで情報をチラ見したところ、いい物件だったんですよね。でも水曜日は毎週残

**フルローン**
銀行からの融資で、物件価格すべてにローンが下りること。購入経費を出すだけで投資不動産を手に入れることができる。一方、購入経費も含めてローンが下りることをオーバーローンという。

業がある日で、会社を出られたのは22時。

会社の裏玄関で一瞬悩みました。家に帰るか、物件を見に行くか？でも「今から行こう！」と決心して自宅と反対方向にある物件の視察に行きました。「あたり物件」でした。その日の夜中、不動産会社に購入の意志を伝え、購入申込書を送りました。

今考えてみると、水曜日は不動産業者さんの多くがお休みの日。もし翌日見に行ってたら木曜日なので、他の業者さんが動いていて買えなかったかもしれません。あの日残業のあと見に行って、即断即決即行動をしてよかったと思います。これで、保有資産合計3億8000万円になりました。

まさに私の人生を変えてくれた物件です。


**――区分マンションのほうの売却も進んでいたのですか？**

13戸中7戸売却したところで、売却をストップしました。だって区分の売却を条件に1棟ものの融資を引いてくれた都銀からその後、「売却進んでますか」とも言われないですし（笑）。

残った区分は6戸。私が死んだ後の相続人は、カミさんと2人の子どもの3人。何かあったらちょうど2戸ずつ残せるなと思っています。

**——家族のことも思いやりながらの不動産投資なんですね。**

カミさんには不動産投資をしていることはもちろん伝えていましたが、「パパが必死にやっているから」と半ばあきらめていたのかもしれません。「そんな借金して大丈夫なの？」とは言われましたが、大きな反対はされませんでした。

**——旦那さんが不動産投資をやりたいのに、奥様が反対してる場合どうすればいいでしょうか？**

奥さんと「将来こうなりたいね」といった夢を話すのがいいと思います。不動産投資をしたらこんな夢も実現できるよ、自由に旅行に行けるよ、好きな趣味も思いっきりできるかもしれない、と話すのがいいんじゃないでしょうか。

でも、我が家はあまり夢を語り合っていないかな？ 一緒に物件を見に行ったりもしていないので。だから、私が死んだらどうなるのかという不安はあります。万が一のときはここに連絡すればいいよ、というのは伝えていますけど（笑）。

## 過酷なメディア関係会社責任者の業務 家族にも心配され自分の人生を嘆く

――一方で厳しくなっていた仕事の環境のほうはどうでしたか？

練馬区の物件と、中野区の物件を買うあいだの2013年1月、印象的な出来事がありました。成人の日、関東に大雪が降りました。私は休みの日でしたが、メディア関係の会社で部署の責任者をしていましたから、対応をしなくてはと会社に向かったんです。

でも当然外は大雪。電車が動いていると聞いていたんですが、20分かけて歩いて駅に着いたら電車は止まっていました。駅で会社に電話をかけて、会社に出てきていた部下に対応の指示をして、大雪の中また20分かけて自宅まで歩いて帰りました。

**——休みの日でも仕事の対応をしなくてはならないんですね。**

当時は責任者だったので、毎晩寝る前に携帯電話を枕元に置いていました。メディア関係のため夜中でも関係なくミスやトラブルの報告でよく電話が鳴りました。精神的な重圧はありましたね。その雪のなか歩いているとき、ふと思いました。

「オレの人生なんなんだろう……」と。せっかくの休みの日、雪が降ってはしゃいでいる子どもたちと遊びたかったなあと思いました。仕方ないことですが、休みの日まで拘束されるのかぁ……とあらためて不自由さを実感しました。

**――そんなアユカワさんの様子を見ていたご家族はどう思っていたんでしょうね。**

会社を辞めた後ですが、子どもにも「サラリーマン時代はしんどそうだったね」と言われました。カミさんも私が苦しんでる姿を毎日見てたんでしょう。会社を辞める最後の半年くらいは毎朝必ず玄関の扉まで見送ってくれていました。

「たぶんこのままではパパが死んじゃうんじゃないか」と心配されていたんだと思いますね。

## この物件で家賃収入がサラリーマン年収を超える！「ＦＡ宣言」をしてから退職へ

**――中野区の物件を買ったあとはどうなりましたか？**

２０１３年11月、会社で人事異動があり、製作部門から営業関連部門に移りました。出世につながる異動ではありましたが、この仕事が正直つらかったですね。慣れていないし、製作現場に規制をかけるような仕事でしたから。肉体的精神的にリミットギリギリだったと思います。

ただ、このとき経営数値の分析をしたり、営業活動をした経験は独立後の会社経営には随分プラスになっています。今思えば、感謝すべき人事異動でした。

**――意に沿わない異動のなかにもプラスになったことがあったんですね。**

並行して物件探しも進めていました。そこで2014年3月に見つけて買ったのが、浅草の築6年のRC1棟マンションです。

1億7500万円で、利回り7・5%、月のキャッシュフローは40万円弱でした。都銀で融資を引いて買いました。この物件を手に入れたことでついに年間キャッシュフローがサラリーマンの収入を超えました。「これで辞められる」と思いましたね。

**――異動して半年弱のタイミングですね。**

実は、現場のトップの状態で辞めるよりは、いま辞めたほうが、自分の穴を営業経験を持つ人が埋めてくれて、会社に迷惑をかけずに済むなと思いました。「そうだ、今が辞めるベストタイミングなんだ」と気づいたんです。それで2014年4月1日、上司に退職したい旨を伝えました。

## ――浅草物件を買ってすぐに動いたんですね。

私は「FA（フリーエージェント）宣言」と呼んでいるのですが、次の人事異動で私を戦力外にしてもらって、有休消化してから辞めさせてほしい、と伝えました。これが一番会社に迷惑をかけない辞め方だと考えたんです。

会社からは慰留されましたが、最終的には私の希望を受け入れてくれました。その後、7月までは営業の仕事をしっかりやって、8月に人事異動が発令され管理職を外れ戦力外となりました。

新しい後任者に1か月間の引き継ぎをして有給消化のあと、10月31日に会社を退職しました。アユカワタカヲ48歳の誕生日月でした。目標より2年早く独立することができました。

独立の決め手となった浅草のRCマンション。

## 退職前にボロガラアパートを購入
## 11部屋の空きを9か月かけて満室に

――退職までの間はどのように過ごしたんですか?

最後、駆け込みでサラリーマン属性を使って物件を買おうと思っていました。

退職を前にして「オレは空室を自分の力で埋める作業をしたことがないな」と気づいたんです。独立したらやることになるだろうから、どうせならボロボロで空室の多い物件を早く買って、自分の力で空室を埋めようと思いました。

――新しいことにも挑戦、となったんですね。

**サラリーマン属性**
日本のサラリーマンは一定の収入が保証されているため金融機関から信頼度が高く、融資を受けやすい傾向にある。そのため個人事業主よりも金融機関から高額の融資を受けられる可能性がある。

それで退職直前の2014年9月に買ったのは、川崎市内の昭和50年代築のボロボロの木造アパート14室です。空室が11室もありましたが、5000万円で利回り12％。月20万円のキャッシュフローでした。

耐用年数を超えても貸してくれる地銀で借りました。これは反省点なんですが、買うときに空いている11室のうち3室くらいしか中を見ていなかったんです。空室はどれを見ても同じだろうって。

**――部屋を全部見るのも大変ですもんね。**

それで買ったあとにリフォームの打ち合わせで全部の部屋を開けてみたら、驚きました。ものすごい残置物の数だったんです。バブル時代の前にできたワンルームタイプのアパートで、本棚やベッドが備え付けになっていたものが壊れてそのまま残されていたんですよね。

撤去が大変でした（苦笑）。撤去代はもちろん、1室は水回りも全部替えなきゃいけなくて、結局500万円くらいかけて11部屋すべてのリフォームと外装を新しくしました。すると利回りがおよそ10％に下がってしまいました。

そうそう、その時のリフォームはｈｉｒｏ田中さんにも物件を見てもらって、いろいろとアドバイスをもらいました。


**――それで空室は埋まったんですか？**


12月から客付けの作業をして、1月、2月と順調に埋まって3月上旬で残り3部屋のところまでこぎつけました。でもそこで考えたんです。家賃が3～4万円の若い独身者向けの物件です。

もし3月までに入居者が見つからなかったら、来年の1月から3月の繁忙期まで埋まらないかもしれないと。そこで管理会社と緊急ミーティングを行い、「新生活応援キャンペーン」を実施することにしました。

これは、3月中に入居を決めてもらえれば2万円分の電化製品かクオカードをプレゼントするというものです。電化製品の予算2万円×3の

川崎市内の木造アパート。空室にはものすごい数の残置物が……。

6万円はもちろん私の自腹です。

このキャンペーンのおかげか3月中に2室決まり、ゴールデンウィーク明けに最後の1室が埋まりました。業者の方や、投資家仲間のアドバイスのおかげで、私の空室対策のスキルアップができた物件ですね。

**――この物件までがサラリーマン時代に購入した物件ということですね。**

そうです。この川崎の築古アパートを手に入れて、保有資産が6億円を超えました。ですから、独立後に書いた拙著の第1作のタイトルを『6億円サラリーマンになる方法~入門編』(平成出版)にしました。すみません、細かく宣伝挟みました(笑)

## 独立後のギャラは相手任せ!?
## 辞めたあとのほうがよく働いているワケとは

**——退職後はどのようなお仕事をされているんですか？**

不動産投資を収入の柱にしながら、好きなエンターテインメントのプロデューサー業をフリーの立場でやっています。大きいコンサートから小さいイベントまでいろんなタイプの仕事をしています。

**——ここにきてまた二足のわらじ、二重の収入ですね**

二重は二重ですが、プロデューサーの仕事のギャラは依頼者にお任せしていますね。

## ――なぜ依頼者に任せているんですか？

サラリーマン時代に、ギャラで揉めたことがよくあったからです。依頼者側の気持ちがよく分かる(笑)。だから、私がもらう側になるときは、依頼者にあまり嫌な思いをさせたくないんです。

あと、サラリーマンを独立した時に、大学時代の同級生が飲み会を開いてくれたんです。その中のひとりが、現在幼稚園経営で大成功をおさめている先輩経営者でした。その彼に言われたんです。

「お金のことをこっちから言ってはいけない。お金は後からついてくるもんだから」と。成功している彼の言葉だからこそ重みがありました。だからギャラは相手任せ。一応、セミナーのギャラも主催者任せにしています。これでいいのかはわかりませんが(笑)。

## ――年間200本を超えるセミナーをやられているんですよね？

おかげさまでお声掛けいただいています。私は蕎麦屋スタイルでして、注文があれば会場に伺います（笑）。

たまたまですが、私は「区分」「1棟」「新築」「中古」「23区」「地方」「日本」「海外」といろんな案件をやってきましたので、いろんな体験談をスクエアな立場で話せます。思えば、私も沢山の投資家さんのセミナーに参加してきました。

みなさんから教わったノウハウで今の私がいるようなものです。今度は、私が伝える番だなと思っています。

**――独立したあと、仕事に向き合う姿勢で変わったことはありますか？**

独立してから、サラリーマン時代以上によく仕事するようになりました。会社の看板を背負ってないので、1つ1つの仕事を丁寧にやるようになりましたね。何かあって、切られちゃったら終わりですから（笑）。

——会社を辞めることに不安はありませんでしたか？

48歳で辞めたのですが、あと2年待てば退職金が上積みされる規定がありました。でも、それまで待てませんでした。浅草の物件も、実は駅から徒歩14分くらいで、あまり駅近じゃないので大丈夫かなと不安もあったのですが、とにかく会社を辞めて独立したい気持ちが強くて買うことにしたんです。

——辞めたいという強い気持ちがあったんですね。

家族にも心配されていたくらいですから。浅草の物件を買う前、あと1棟買えれば辞められる、というところまできたとき、都内のある物件を見つけたんです。でも融資が少し届かない、金融機関の担当者に言われました。「ご自宅を共同担保に入れるとフルローンできますよ」と。

カミさんに話したら、不動産投資で初めて大反対されました。何があっても自宅を担保に入れることは駄目だと。その代わり、カミさん個人の通帳や保険の解約返戻金などを見せられて、これを使ってもいいよ、と言われました。

家さえあればなんとかなるという思いがあったんでしょうね。結局その物件は買いませんでした。今ではあの時買わなくてよかったと思っています。

## 偶然のご縁をつないで3・8億円借り替えに成功！独立後も3・4億円の物件購入

――独立後の不動産投資はどのように運営していますか？

最初にやったのは、ローンの借り替えです。ある会合で地銀の支店長さんと知り合いました。その銀行の担当者が実は妻の大学のサークルの後輩だった、という縁も重なったんです。それもあって、練馬区と中野区の1棟ものと区分6つ合計3・8億円の借り替えを実現できました。年間のキャッシュフローにして100万円以上改善しましたね。

**――支店長さんとはどんな会合で知り合ったんですか？**

地元の商工会議所の立食形式のパーティーです。法人を作ったときから商工会議所に入っていたのですが、会社を辞めたあとに初めて参加してみました。知り合いが誰も居なくて、1人で会場の隅っこで立ってたら、横に同じようにバツ悪そうにしてるおじさんがいたんですよ。

話しかけてみたら、地元の地銀の支店長でした（笑）。赴任したばかりで部下も来られなくなり、誰も知り合いがいなかったみたいで、孤独な2人で会話が盛り上がってそれが借り替えにつながりました。

**――そんなラッキーなこともあるんですね。**

**商工会議所**
商工会議所とはいわゆる「公益法人」の一種で、地方自治体や国、政府などに政策を提言する活動や、地元企業の活動支援、簿記検定などの検定事業、セミナー事業、異業種交流会などを行っている。

さらに、2015年12月には、その地銀から融資を受けて小平市の小川に3億4000万円の築4年のRCの1棟マンションを購入できました。利回り7%で、満室になれば月に100万円のキャッシュフローが出る見込みなのですが、満室になったと思ったら空室が出るという感じで、今はこの客付け作業を頑張っています。

**――退職後にそこまで大きな融資が下りたのはなぜだと思いますか？**

私の会社は資産管理会社じゃなくて、さまざまな事業をやっている会社だからじゃないですかね。プロデューサー業など不動産以外の仕事もあって、不動産収入だけではないということです。サラリーマンをリタイアしたというより、本業で独立して会社経営をしていると見てもらっていると思います。

ほかには、税理士の先生など、いろんな人にアドバイスを受けながら、中期事業計画書などを作っているのもポイントではないでしょうか。

――退職したあとでも工夫次第で億単位の融資は受けられるんですね。

あとは、大阪の実家の近くにある、祖母が住んでいた家を相続したのですが、それを共同担保に入れています。それもプラスになっているのではないでしょうか。この家はデイサービスの事業者に貸していて、ここも賃料収入を稼いでくれています。

## 気持ちの余裕が生まれて挨拶できるように。忙しくても、手に入れたかった人生を満喫

――退職、独立後は生活の様子は変わりましたか？

細かい話かもしれませんが、平日に外出しない日もあるので、ジャージ姿で新聞を取りに行くことが多く、その姿を同じマンションの住人の

方に見られるのが嫌ですね。たまにスーツで出かける時には、なるべく住人の方と会いたいです（笑）。

**――ジャージで新聞って休みの日の格好ですもんね（笑）。**

あとは、これも細かい事なのですが、自宅マンションからターミナル駅へ向かうバスに乗るときに運転手さんに「おはようございます」と挨拶できるようになりました。会社を辞めて、気持ちの余裕が生まれたことのあらわれですね。

サラリーマン時代は、精神的に余裕がなくて、そんなの言えてませんでした。這うように出社して疲れ果てて帰って、心もすさんだままでした（苦笑）。いまは、24時間仕事と不動産のことを考え、毎日エンジョイしています。

**――笑顔も多くなったってことですね！　ご家族との関係は変わりました**

か？

辞めたとき、上の息子は小6、下の娘は小2でした。これからたくさんいっしょに過ごせるぞ、と思ったのですが、あまり変わりませんでした。小学生になると、学校もあって、当たり前ですが平日の日中家にいませんから（笑）。

そうして成長していくと子どもたちは親より友達と仲良くなって、少しずつ距離を置くようになっていきますしね。

**――仕事は充実していますか？**

お父さんの頑張っている姿を子どもに見せられるくらいには、忙しい日々を送っています。

プロデューサー業やセミナー講師で毎日がすごく楽しいのですが、ちょっと問題もあるんですよね。

**――なんですか？**

サラリーマン時代、仕事が忙しすぎて、娘の幼稚園の運動会に行けなくてすごく悔しい思いをしたんです。独立したら思いっきり行けるようになるぞ！ と思っていたのですが、独立後の2017年の娘の運動会、舞台演出の仕事が入って行けませんでした（苦笑）。

**――本末転倒ってことですか？（笑） でも仕事の中身や精神状態はぜんぜん違ってますよね。**

今の段階では、得たかった人生を送ることができています。娘の運動会に行けなかった原因となったその舞台を、中学生の息子に見せることができたんです。「これがお父さんのやってる仕事だぞ。エンターテインメントを作ってんだぞ」と。正直うれしかったですね。

## ペット共生新築マンションを建設中手堅く23区築浅区分購入も狙う

――今後の不動産投資の進め方を教えてください。

最低でも1年に1件、物件の売買を行っていこうと思っています。幸せなことに沢山のセミナーに登壇させていただいています。ですから、自分も常に不動産投資の現場にいないといけないなと思っています。

不動産市況がどんな時代になっても情報を集めて、売買を経験してその体験を私の後に続く皆さんにセミナーやメディアでお伝えしていきたいと思っていますね。

2017年11月現在、私にとって初めての新築1棟物件を手掛けています。江東区大島のRCで、総工費5億円の案件です。地銀で融資を受けています。23室で利回り6%くらいですかね。

土地を仕入れて、プランを考えて、地鎮祭をやって、工事が始まって……竣工は２０１８年春の予定です。ワクワクしていますよ。

**――どんな物件になりそうですか？**

ペット共生マンションにしようと思っています。犬フロアと猫フロアに分けて、飼い主さんが使いやすい共用部も用意するつもりです。近年、ペットを飼う方の数が増えていますよね。特に独身の方や年配のお１人暮らしの方でペットを飼われている方も目立っています。

「ワンルームでもペットを飼える物件」がコンセプトです。ペットが外に飛び出さないような内扉があったり、ペット用のシンクがあったり、飼い主さんだけでなくペットにも喜んでもらえるような物件にしたいです。うまくいったら、シリーズ化してほかでも展開したい、という野望を持っています（笑）。

**ペット共生マンション**
ペット飼育可能物件ではなく、ペットを飼っている方でないと住めないマンション。ペット飼育に対しての様々な配慮が施されているマンション。

――それ以外にも考えていることはありますか？

経営の安定化という意味で言うと、築浅の区分マンションを、需要が高い東京23区内の駅近で買って増やしていきたい、ということを考えています。

利益が出たときに現金で買えば安心だし、売って現金に戻すのも簡単です。値上がりするかもしれないですし、安定性という意味ではこの投資が一番いいと思っています。まあ、東京23区内の築浅区分は、私の不動産投資の原点でもありますから。

## 初心者はとにかく勉強あるのみ！雇用をつくり、自分の劇場を持つのが夢

――これから不動産投資にチャレンジしてサラリーマンを辞めたいと思っ

**ている人にメッセージはありますか？**

いちばん大切なことは、「すごく勉強をしたほうがいいですよ」ということです。勉強していない人はダメです。私のところに相談に来る方にはいらっしゃいませんが、まったく勉強もしないで「助けて！」という方は問題外です。今では、不動産投資がかなり身近なものとなっていますから、勉強の方法はいくらでもあります。僕の場合は、とりあえず区分マンションからスタートしましたけれど、最初からしっかり知識をつけて1棟ものを買っていればまた違ったストーリーがあったんだろうなと、他の投資家の方々を見ていて思います。

**――2017年現在の今は不動産価格が高い時期で、なかなか買えない、という声もありますが。**

物件が高くても調達金利が低い時代です。こんなに低い金利で資金調達できるのは、日本の経済史上初めてのことです。チャンスはいろんな姿かたちをして皆さんのそばに転がっています。

一番大事なことは、今の時点でベストなものを選ぶことでしょうね。めざすゴールによって、また時期によって、何がベストなのかはどんどん変わっていきます。私の場合も、私の時期に、私の状況で、ベストだったのがこのやり方、ということに過ぎません。あなたにとってのベストの選択を探し当ててほしいですね。

**――サラリーマンの仕事をしながら不動産投資をするときに、やり続けられるコツがあったら教えてください。**

やりたいことと、自分の夢を、小さいことから大きなことまで、ノートに書くようにしていました。「今度の休みに足つぼマッサージに行きたい」とか、書いていましたね（笑）。

「独立したら時間ができて、ここに書かれていること全部できるぞ！

だから今頑張るんだ」と前向きになれました。
あとは、自分が夢中になれることを見つけておいて、会社や仕事のことを忘れられる瞬間を作ることです。会社の嫌な上司の顔を忘れられる時間を持っておきたいですよね。大阪出身の私は阪神タイガースを応援している時がすべてのことを忘れられる瞬間です（笑）。

**――最後に、アユカワさんの夢を教えてください。**

私は、「人生自由化計画©」というコンセプトで不動産プロデューサーとして活動しています。ファイナンスのリテラシーを身につけて、時間、お金、人間関係の自由を得ましょう、というメッセージをブログやメルマガで発信しています。それを続けていきたいです。
あとは、自分の会社を大きくして、雇用を作り社会貢献をしたいですね。私は26年間サラリーマン生活をしていましたが、勤めていた会社に本当に感謝しています。給与を頂いたうえに、沢山のことを勉強させていただいたから今の私がいます。

あ、カミさんも会社で見つけさせていただきました（笑）。まだまだ微力ながら、今度は私が若い人の人生のお手伝いができればと思っています。エンターテインメント業界に生きる人間として、若いタレントや放送作家を育てて支援したい気持ちもあります。

そして人生最後の夢としては、自分の劇場を作れたらいいですね。演劇の街として知られている下北沢にある代表的な劇場の「本多劇場」は、1棟マンションのオーナーの本多一夫さん（本多劇場グループ代表）が若い演劇人の夢を応援するために、自社のマンションの2階につくったものです。私もそんなふうになれたらいいなと思っています。

「菅沼劇場」を作りたいです。あ、最後に本名言っちゃった（笑）。

# 4

自己資金0円で
12億円の資産を構築

# 桜木大洋さん
に聞いてみた！

# 4

## 桜木大洋

# 自己資金0円で資産を増やし、サラリーマンをリタイア。今では世界中を旅する不動産投資コンサルタント

1966年、東京・深川生まれ。千葉県浦安市在住。メーカー企業に勤務しながら、43歳の時に新築木造アパートを取得。2011年の東日本大震災で自宅が8・3cm傾き、家族4人で6畳1間のアパートに2ヶ月間の避難生活を体験したことを機に、不動産賃貸業の社会的意義に目覚める。やがて新築アパートは失敗だったことに気づき、2012年に中古RCマンション1棟を購入。以来わずか4年で7棟142室、太陽光発電設備2ヶ所、総資産12億円、家賃収入1億1500万円、年間キャッシュフロー2800万円を築く。これまで一切の自己資金を使わず、ほぼすべての物件をオーバローンで取得し続けて現在に至る。2016年3月末をもって27年間勤めた会社を退職し、不動産賃貸業のかたわら、セミナーでの講演活動と不動産投資コンサルティングをスタート。

桜木不動産投資アカデミー主宰。「家族のために働くお父さんを応援する」をモットーに、初心者への不動産投資アドバイスをはじめ、ほぼ毎日メルマガ&ブログを発信。月に一度の有料セミナーは「プラチナ講座」と題し、意識が高い人向けに上質な時間を提供。著書に『自己資金0円からはじめる不動産投資』(青月社)。TV番組「テリー伊藤のマル金ライダー8」にも出演。

| 所有物件数 | 不動産投資を始めた年齢 | 不動産投資歴 |
|---|---|---|
| 7棟142戸+太陽光2ヶ所 | 46歳 | 5年 |
| **年間キャッシュフロー** | **年間家賃収入** | **総資産額** |
| 2800万円 | 1億1500万円 | 12億円 |

**その他の投資**

フィリピンにプレビルドの区分所有1室／バングラディッシュ土地／映画製作への投資／ハワイにタイムシェア／テラスハウス1戸

※すべて本書執筆時のデータ。所有物件や金額に関する項目は、売却・買い増し等により変動する。

**●不動産投資を始めようと思ったきっかけは？**

サラリーマン生活が辛くて仕方がなかった。東日本大震災で自宅が傾き、快適な住まいを提供することが社会貢献につながることを身に染みて実感。

**●あなたの投資スタイルを教えてください**

できるだけ多くのお金を長期間借りて、キャッシュフローを厚くする。そしてリスクに備えつつ、小規模物件の現金買いも狙う。

**●不動産投資におけるあなたの強みは何ですか？**

うまくいかなかったことを人一倍経験していること。
家族が応援してくれること。

**●普段から気にしている情報収集源は？**

人に会うことに限ります。

**●不動産投資におけるあなたのモットーは？**

「あきらめなければ必ず夢は叶う」

**●これから不動産投資を始める人に一言**

まずは目標と目的、そしてその理由を明確に。

## 幼くして父を亡くし、学費を稼ぐ苦学生時代
## 舞台人としての夢をあきらめサラリーマンの道へ

——桜木さんは、今回の本に登場する４人の中では最年長なんですよね？

あ〜、そういうこと言っちゃいます？　気持ちは誰よりも若いつもりなんですけどねー。

——いやー、そう言われましても……（汗）。やっぱり年齢を重ねられている分、人生経験も豊富なのではないかと。ですのでこれまでどんなサラリーマン生活を送って来られて、どうして退職を決意され、なぜ不動産投資を選んだのか、その辺りのことをお聞きしたいんです。

わかりました。私と同じような境遇にいるサラリーマンのお父さんの

ために、少しでも参考になればと思って何でも赤裸々にお話ししちゃいましょう。

**――はい、ありがとうございます！　まずは、桜木さんの子ども時代から就職するまでを教えてもらえますか？**

僕は3人きょうだいの末っ子で上は姉が2人。7歳のとき、父が出張中に急に心不全で亡くなりました。突然のことだったから、姉がすねてしまったり、母が倒れたりしたのです。それで7歳にして、周りから「お前がお母さんを助けなきゃいけないぞ」と言われて育ってきました。

**――7歳で、その環境は大変でしたね。**

そんなこともあって、大学時代は昼間働きながら夜大学に通いました。アルバイトをしながら劇団で役者をやったり、テーマパークのダンサーをしてある程度の収入を得ながら、自分で稼いだお金で大学に行く、という生活でした。

当時はたとえ貧しくてもずっと舞台に立ちたいと思って夜もレッスンに通ったし、大学を卒業してからも1年間、プロとしてステージに立っていました。

でもあるとき母親がものすごく弱気になっていることに気づき、自分が自由にできる時間は思ったより短かったな、と思い、就職することにしたんです。

**――就職活動はどんな感じだったんですか？**

大学はすでに卒業してしまっていたから、就職活動なんてどうやればいいのかまったくわからず。それでも子どもの頃から写真が好きだったので、どうせなら舞台の経験を生かして写真の世界でもエンターテインメントを実現したいと思って、そういう関係の会社を選びました。

学歴で勝負できるとは到底思っていなかったし、メーカーってどんな業態なのかわからないほど無知でしたが、当時はバブル期が始まった頃の売り手市場だったので、僕のような珍しい経歴の持ち主でも運よく1社目で採用が決まりました。

## バブル世代の順調なサラリーマン生活をスタート
## 結婚当初から借金350万円
## 増えない貯金のワケとは？

――サラリーマン生活が始まった当初はどうでしたか？

何にもわからない状況でしたが、面接時の希望が叶って、運よく東京本社勤務で撮影イベントの担当に抜擢されました。でも事務系の採用はたったの35人くらいで、会社の規模からしてもかなり少ないと思います。そのぶん、入社直後から即戦力として扱われ、1人でなんでもこなさければならなかったことを思い出します。

それで、1年上の先輩がものすごく優秀に見えたわけです。なんでだろうと思っていたら、社員研修も厳しくて、常に10年後のビジョンを考えさせられます。いつも先を見て仕事をしているのと、責任感を持って働くから若手でもどんどん伸びるんですね。その会社は人気の会社ランキングにも入っていたことを後から知ったのですが、それも納得できます。実際、仕事はやりがいがあったし、人を大切にする会社だなぁ、と感じていました。

**――順風満帆なスタートだったんですね。**

社員の意向もよく汲んでくれて、僕の場合は同じ部署で転勤もなく14年間、37歳までやり続けることができました。本来、事務系は幅広く仕事を覚えろ、という感じで、5年に1度は転勤・異動になるのが普通だったので、ずっと同じ部署にいさせてもらえるのは珍しいことでした。

実家が東京にあり、高齢の母親が心配だから、という理由で転勤したくなかったし、写真以外は興味がないので「転勤や異動になるなら、会社を辞める」なんてわがままを言っていました。サラリーマンとしては無自覚な発言ですが、幸運なことに上司にも理解があり、仕事ぶりも評価され、同じ部署に居座ることができたのです。

**――大企業だし、給料もよさそうだから普段の生活も余裕があったんじゃないですか？**

いやいや。29歳で結婚したんだけど、そのために350万円の借金をしました。

**――えー！　どうしてそんな借金があったんですか？**

僕も妻もそれまで貯金がなく、それでも僕の方は親に援助してもらえる環境ではなかったから、結婚式とかタヒチへの新婚旅行とか、車の購入費用などをすべて借金でまかなうしか方法がなかったのです。でも友達はたくさんいるので、結婚式は舞浜のヒルトンで100人くらい呼んで開いたし、2次会は六本木のステージを借りてショーをやりました。そうして必要なお金を支払うために、気づいたら借金350万円（笑）。

**――豪華ですね！　でも、ずいぶんお金かかりましたね……。**

でもその借金は5年で返済。逆に言えば、その分貯金ができなかったから、結婚して5年経っても手元に残っているお金はほぼゼロでしたね。

**――うーん。独身の頃からもっと節約するとか、なんとかして貯金できなかったんでしょうか。**

そうですねー。父親のいない家庭で長男の僕は事実上の大黒柱だったし、それでも周りには高収入の人ばかりだったから、無意識に同じような生活レベルを求めてしまっていたのかもしれませんね。

ちょっといいところで食事をして、ちょっといいところに旅行をして……ってやっていると、なかなかお金は貯まりません。大きな出費はなくても少しずつの贅沢が、お金を残せなかった理由かもしれませんね。

バブル世代のかなしいサガかなぁ。

## 自宅を購入後3年で博多へ転勤
## 昇格試験での挫折から大きく自信をなくした

——住まいはずっと賃貸だったんですか？

新婚当初はものすごーく古い社宅に住んでいました。家賃は9000円。実家があるのでしばらくは古くて狭い社宅暮らしでも構わないと思っていたのですが、あるとき母親から「あんたに家は譲らない、自分で家を買いなさい」と言われました。てっきり自宅は長男の自分が引き継ぐものだと思っていたのに「こりゃ大変。これから自分で家を買うなんて」とショックでした（笑）。

そして2人目の子どもも生まれるし、それなりの広さの家を買うことになって、ほとんど貯金もないまま、34歳の時にオーバーローンで千葉県の浦安市に戸建てを買いました。

**——お！　自宅を購入されるときからすでにオーバーローンだったのですね。**

慌てて始めた財形貯蓄も150万円しかなかったので……（笑）。

しかも、買ってから3年で初めての転勤。さすがに14年間も同じ部署っ

**オーバーローン**
物件価格を上回る金額の融資。物件購入時には通常、諸費用として仲介手数料や登記費用などがかかるが、この分も融資を受けられると自己資金0円で不動産投資ができる。

**財形貯蓄**
給与から天引きで行う貯蓄制度。財形住宅貯蓄では、自宅を購入するケースに限り高い利息がつく。

ていうのは異例すぎたようです。年齢的に役職者への昇格時期を迎え、そのためにはさすがに会社のルールで転勤は避けられない状況でした。いきなり福岡県の博多へ行け、と辞令をもらいました。

しかし相変わらず「転勤は嫌だ」と言い続けていたので、辞令を聞いてから自律神経失調症になり、倒れて寝込んでしまいました。大げさじゃなく。動けずに横になりながら、引っ越し屋さんに梱包と運び出しをお願いしたくらい(笑)。

**——大ショックだったんですね……。博多での生活はどうでしたか?**

会社が大きな転換期を迎えていたこともあって、仕事はかなり忙しかったですね。2年半博多にいたのに、中洲には5回くらいしか行けなかった(笑)。でも、家族はすぐになじんで、いろんな観光スポットに出かけたりお友達との交流を楽しんでいました。

**——昇格に向けての動きはどうでしたか？**

1回目は、独自の考えを鮮やかにプレゼンして、誰よりもうまくできたと思ったのに、なぜか落とされました。人の評価というのは怖いもので、自信たっぷりに論破したりすると、ある意味「人の話を聞かないタイプ」と思われることもあるのですね。

なぜ落とされたのか分からないまま翌年に2回目を受けて、その時には不安な気持ちでいっぱいになり、ほとんど泣きそうな顔で参加したら、なぜか合格。この経験で何となく会社の思惑というか、人を見る目の基準みたいなものが分かってしまったような気がしました。

**——結果的には昇格できたけど、気持ちが大きく上下したんですね。**

この会社では自分が良いと思うことを評価してもらえないんだと感じ始めたのがこの頃。これがトラウマになり、至るところで自信が持てなくなってしまいました。

人を大切にする会社だと思っていたけれど、この頃から疑問に思い、忠誠心も崩れていったのが正直なところです。

## 戻った東京では浦島太郎？ 職場の雰囲気が一変 結果を出したものの会社での「限界」も感じた

——無事に昇格したあとはどうなったんですか？


昇格と同時に東京へ戻されました。たった2年半離れていただけなのに、本社はもう違う会社みたいに変わっちゃって。いきなり技術職ばかりのデジタルカメラの部署に配属されて、ギスギスした環境の中で商品企画をやることに。

そこにいたのが暴君の上司（笑）。みんなで考えた企画も、会議ではたった3秒で「こんなのダメだ！」と恫喝されてアウト。それについていけなくて、メンタルのバランスを崩して会社を休む人が続出。

**――上司によって職場の雰囲気もずいぶん変わりますよね。**

そのうえ、2005年には社内で構造改革が始まりました。業績をV字回復するために、40歳以上で役職者になっていない人は、人件費を削減するために早期退職を勧告されるわけです。同期や先輩たちが事実上のクビに追い込まれていくのは見るに耐えませんでした。

**――そんななかだと役職についていた桜木さんも厳しく結果を求められたんじゃないですか？**

自分も新しい仕事に就いた頃は、成果が出なくてメンタル崩壊寸前でした。でも運よく社外の人脈を頼りに何人かの協力を得て、プロの写真家が求める高品位なデジタルカメラを開発できたのです。それがカメラ好きの間で爆発的ヒットになって、社長表彰もいただきました。世界各国でプレゼンテーションをしたり取材を受けたり、わりと派手な機会を与えられました。

**――すごい！　そこまで結果を出したらサラリーマンとしては安泰だったんじゃないですか？**

いや、それはたまたま運が良かっただけだと思います。それに、一度くらい結果を残しても、会社の事業としてはすぐに過去のことになってしまう。それを機に上へのし上がるなんていう野望もなくて。周りには優秀な若者がたくさんいるから、軌道に載せたあとはなんとなく居場所がないなぁ、と自分の能力の限界を感じるばかりでした。

## 自己資金ゼロからオーバーローンでの不動産投資2棟の新築木造を買って「マイナスからのスタート」

――ところで、そんなサラリーマン生活と並行して、不動産投資を始めたきっかけについても教えてもらえますか？

30代後半から10年間、役職にも就いたし会社に貢献する成果も出したのに、ずっと年収は横ばいでした。給料は上がっても手当が大幅にカットされたからですね。そんなこともあって、これからは給料以外の収入を確保する必要があると考えるようになりました。

それで、ＦＸやインターネットビジネスなどいろんなものに手を出したけれど、全然うまくいきませんでした。どれか1つに集中しないとモノにならないんですよね。通勤時間が片道2時間かかるのでその間に何かできると思っても、疲れているから電車内で寝てしまう。

それでも唯一、形になったのが不動産投資でした（笑）。博多から東京に戻ってきて4年たった2009年に、大して知識もないのに勢いで新築の木造アパートを購入しました。そのあと2011年にも同じく新築アパートを1棟。最初が千葉で次が福岡。あっという間に2棟14室のオーナーになったわけです。自己資金は1円も使わずに。

**――自己資金ゼロですか！　羨ましいほど順調なスタートですね！**

いやそれが、全然キャッシュが残らなくて参りました。新築木造アパート2棟で合計1億6000万円の物件なんですが、すべて満室でも年間80万円弱しか手残りがなくて。空室が出たらもうアウト、という状況。

しかも、無理な借金でサラリーマンの信用を減らしてしまっているので、さらに融資を引くのが難しくなりました。

その後入った不動産投資塾の塾長からは「これはマイナスからのス

タートですね」と言われてしまいました。

**――そんな風に言われたんですか？　ショックだったでしょうね。**

「この先どうしたらいいんだ⁉」って感じですよね。そこでようやく勉強を始めて、新築木造や中古ＲＣのメリット・デメリットをきちんと理解し、自分が望む方針とは違う買い方をしていたことがよくわかりました。

自己資金がいらないってことだけを基準に、営業マンのトークに乗って買っちゃったけれど、やっぱり勉強しないで投資しちゃいけませんね。

**――それで、そのあとは中古のＲＣを買ったんですか？**

そうですね。投資塾で知識と行動のポイントを身に付けたあと、わりとすぐに買えたのが２０１２年。東京都清瀬市の中古ＲＣで、

1億8700万円の物件を1億9200万円のオーバーローンで購入しました。この物件で年間450万円ほどのキャッシュフローが出るようになりました。

ここで初めて納得いく額の利益を得られるようになりました。知識があって決断するのと、何も知らずに決めるのとでは大違いだな、と痛感しましたね。

**――投資塾に入ったことが大きかったんですね。**

塾では、同じような年収の人が、どんどん買っていって成功している姿を見て、刺激を受けました。さらに信頼できる不動産会社の人にも出会え、プロフェッショナルに頼ることができたわけです。

物件規模は合計約3億円になって500万円以上のキャッシュフローを得られるようになったけれど、新築木造アパートは利益の足を引っ張るばかりで、中古RCからのキャッシュフローがほとんどでした。

## たった1つの銀行から7億円の融資！波乱万丈の不動産投資でもくじけない姿勢

――そのあとはどんな物件を買っていったんですか？

まずは借り替えを成功させました。4・5％の金利から1・2％になって、それだけで288万円もキャッシュフローがアップ。結果が出るまではかなり苦労しましたけどね。それからは1年に1棟ずつ、中古RCをオーバーローンで買っていくやり方で増やしていきました。

2013年には東京都江戸川区に2億9000万円のRC、2014年には茨城県つくば市に2億1000万円のRCを購入しました。一方で、新築で買った木造アパートは2013年に売却して、2棟合わせてもほとんど利益は残りませんでした。

これでRC3棟で約7億円。年間の家賃収入は6600万円になって、キャッシュフローは2000万円を超えました。ちなみに1棟ずつ法人を設立して、3棟とも同じ地方銀行からの借り入れになりました。

**――立て続けに2億円以上の物件を買っていくってすごいですね。**

2棟目の後、3棟目の物件を買えるまでは、1年以上かかって本当に大変でした。100件を超える物件の収支シミュレーションを繰り返し、10件の購入申し込みを出したけど、1件も成約せず。融資が通ったのに売主の気まぐれで逃したこともあったりして。

いつまでも抜けられないトンネルの中にいる感じでした。でもあきらめることはできなかった。そんな経緯から学んできたことがたくさんあったので、ブログを書いたり、前著『自己資金0円からはじめる不動産投資』(青月社)を著しました。

**――どの物件もオーバーローンだから自己資金0円で買えているんですすも**

んね。

本当に貯金がなかったので（笑）。意外かもしれないけど、僕は結婚してからずっと家計簿をつけています。無駄遣いはしてないはずなのに、そしてそれなりの給料をもらっているはずなのに、なぜかやっぱりお金が貯まらない。

自宅のローンが年間230万円あったし、2人いる子どもの教育費もかかる。ちょっと靴を買ったり、家族で外食、旅行、とやっていると、あっという間に出費が増えていく。

——それ、ネットの記事で読んだことがあります。「高給取りサラリーマンの罠」。なんでもちょっとずついいものを買おう、使おう、周りがやっているのと同じことをやってるだけだし……って感じで贅沢してるつもりではないのに、お金が貯まらないっていう。

うーん、そうなのかなぁ。

家計簿をつけて、チラシの割引券やカードのポイントもしっかり貯めて使うようにしていたけど、どうしても月給だけだとマイナスで、足りない分をボーナスで埋める。だから年間でどうにかトントン。こんな状況が続いていました。

**――そういうサラリーマンの人、けっこういるかもしれませんね。**

特に僕と同じ世代の人、多いんじゃないでしょうか（笑）。ある程度の暮らしを経験してしまうと、節約しても生活レベルを下げることができない。前の年よりも良くなりたいって思い続ける。

そして何十年も先のことを考えてもピンと来ないから、せめてこの10年は幸せに暮らしたいって思ったりします。

**――ある意味バブルっぽい感じですね……（笑）。今30代の僕はすでに老**

後が心配だし、同世代の友達も同じように言ってますよ。

そうなの？　でも僕の場合は父が出張先で急逝したり、姉が目の前でクモ膜下出血で倒れたり（今は完治しているけど）したのを目の当たりにしているから、人の命は突然消えるってことも実感しています。だから今日という1日を悔いのないように生きたいと。

## すすむ不動産投資の裏側で晴天の霹靂「パパ、もう辞めて」の声に押されて退職へ

――不動産投資でキャッシュフローが増えてきてから、会社を辞めるまでの話を聞かせてもらえますか？

3棟目で年間キャッシュフローが2000万円を超えてきたころ、

2015年の8月に異動の話がありました。国内の営業を担当する子会社への転籍の打診。メーカーから子会社への移籍というのは、本社には戻ってこられない片道切符。役職は上げてもらえるけれど、人材が少ない中で先の見えない仕事を何年もやらされることになります。

あれだけ会社に貢献したのに、歳を取ると容赦なくお払い箱か、いよいよ自分の番がきた、という気持ちにもなりました。サラリーマン人生もそろそろ潮時かな、と思って辞めることにしたのです。

**――辞めることに対してご家族はなんて言ったんですか？**

退職を決める前から、妻や子どもたちに「パパ、会社辞めないと体壊すよ」って言われていました。僕が毎日睡眠時間を削って働いているのを見ていたから、かなり心配していたんだと思います。

会社には8月の時点で「来年3月までここで働かせて欲しい」と言ったら、「異動の内示は社長決済が下りている案件だから、今さら取り消せない。辞めるなら今すぐ辞めてくれ」と言われました。27年間も勤めたのに余った有休も取らせてくれないのか、と思ってさすがに抗議しました。

するとその時は力のある人たちが動いてくれて、最後は人事部長が始末書まで書いて、社長に決裁の取り消しを願い出てくれたんです。それまでの貢献がやっと認められたと感じることができて、この時ばかりは感謝の気持ちでいっぱいになりました。

**——でも、好きだった写真関係の仕事をやろうと思って入った会社なのに、最後はやりたいことができなくなってしまったんですね。**

やりたいことがあって入社しても、会社の業績によって、そのやりたいこと自体が廃れて、違う仕事をやらされることになる場合もあります。だから、サラリーマンは適応能力がないとダメなんですね。よほどのスペシャリストじゃない限り、なんでもやれないと生き残れないと思う。

——不動産投資をやっていなかったらどうしてたと思いますか?

まあ、そのまま子会社に移籍していたでしょうね。他に選択肢がないから。本当に自分のやりたいことをする、生きたい人生を生きるんだったら、不動産投資などで別の収入の柱をつくってリタイアするしかないということですね。

## 14日間で6億円の借り入れに成功!本に書いてしまった取引が流れるまさかの展開も

——退職が決まったあとはどんなふうに過ごしていたんですか?

会社員じゃなくなったら融資で不利になるし、もう物件は増やせないと思っていたから、とにかく今のうちに買える物件を買おう、という勢いで物件探しを加速しました。

退職までにさらにRCマンションや太陽光パネルなどをできる限り探し回ったし。まさに背水の陣。振り返ってみたら、退職直前の14日間でおよそ6億円も借り入れを増やしていました（笑）。

**――スゴイ勢いですね。**

実は、2016年2月に本を出版したとき「愛知県日進市で4棟一括、1億2700万円」の物件取得がほぼ確定した」って書いたんですが、そのあと話が流れてしまって……。

**――ええっ！　本に書いちゃったのに買えなかったんですか？**

そう。僕は仲介業者さんにも「この物件が手に入りましたって本に書いても大丈夫ですか？」って確認して、「もうこの段階に来ていればまず大丈夫です！」って言われていたのに……（苦笑）。

まとまりかけていたところへ、売主の弟が出てきて「更地にして戸建て業者に高く売ったほうがいい」ということでキャンセルされてしまいました。売買契約直前の出来事です。

ところが奇跡的に、同じ不動産会社の営業マンが、たった2週間で千葉県流山市にほぼ同等規模の物件を見つけてきてくれて、無事に購入できました。営業マンの方も責任を感じてくれたんですね。血なまこになって探してくれたようです。本には「プラス1億円の物件を取得して総資産8億円」って書いていたから、とにかく数字はウソにならなくてホッとしました（笑）。

さらにその後も太陽光発電設備と、退職日の3月31日に1棟決済して、合計12億円に。太陽光と最後のRCマンションは本が完成した後の話です。

――本当にギリギリまでやりきった感じですね。ところで、本を出版してみて、どうでした？

本を書いたのは、「貯金ゼロ、資産ゼロ」だった僕が、高額の借り入れにチャレンジしながら資産を増やす過程を伝えることで、家族のために働くお父さんを応援したかったからです。同じ理由で初心者のための不動産投資コンサルティングやセミナーもやらせていただくようになりました。

本は名刺代わりになるというけれど、本当にそう感じます。本を書いたことで、それまで僕のことを知らなかった人がホームページを見に来てくれたり、ほぼ毎日書いているメールマガジンに登録してくれたりして、これはとても嬉しいことです。日経新聞に取り上げられたり、テレビ出演をしたりして、まさに人生を変えることができました。

## 融資がダメなら別の手段で！あきらめない気持ちが結果につながる

――ほかの人がなかなか買えないなかで、桜木さんはなぜ多く買い進められたと思いますか？

一言でいうと「あきらめなかったから」だと思います。先ほどの愛知県の物件もそうだけど、買える一歩手前までこぎつけたのに流れた、っていうことが何度もありました。

そのときには、いっしょに努力してくれた不動産会社や銀行の人と悔しい思いを共有したんです。だから、「次こそは買えるように頑張りましょう！」ってチームになれた。

――桜木さんのあきらめない姿を見ていたから周りの人も頑張ろうって

**思ったんでしょうね。**

そうかもしれません。会社を辞める直前には太陽光用の土地とパネルをリースで手に入れたんだけど、これもひと悶着ありましたよ。最初は8500万円の太陽光設備を買えるって話が来て、大口で借りているメインの銀行に持ち込んだんです。

その銀行本体は太陽光には融資しないということでしたが、「買えば確実に利益が出て、全体の返済力が高まりますから」って懸命に説得したら、系列のリース会社と取引してもらえることになりました。でも、やっぱり土壇場で売主の奥さんが「こんなに儲かるなら売るの辞めよう」と言ってキャンセル（苦笑）。

**――そんな風に売り止めになっちゃうことってあるんですね。**

めったにないとは思いますけどね（笑）。それで、仲介してくれた会

**リース**
リース会社が物件を代理購入し、顧客に貸与する仕組み。今回の太陽光リースは15年契約で、期間満了後は残存簿価で買い取る「購入選択権付きリース」。融資と違って毎月支払い額の全額を経費計上できるメリットがある。

社も、銀行もリース会社も「悔しいですね」って自然に団結するようになりました。そして3か月後になんと1・5億円の太陽光の物件が上がってきたんです。

それで親会社の銀行も入って1か月かけて審査してくれて、前例のないケースでも成約できました。これで年間キャッシュフロー約250万円を増やすことができたんです。

**――最初の物件よりも大きな規模の太陽光になったんですね。すごいなぁ。**

銀行もリース会社も初めての事例だったようですが、「なんとしても買いたい」っていう思いを共有できたから実現できました。思えば、中古RCを買い進めているときも、毎回「融資額が大きいからこれで最後ですよ」って言われてきましたし（笑）。

でもあきらめないで物件を持ち込み続けたら、そのうちに風向きが変わって融資を受けることができました。あきらめたらそこで終わり。ダ

リース契約した太陽光発電設備。
土地は 4,000㎡、出力量は 80kW/220kW 2ヶ所。

メだと言われてもめげずに行動し続けたことが結果につながったんだと思います。

## 借金の怖さは「ゼロふたつ取って」回避
## 現金を出すほうが怖いという感覚

――僕もそうですが「数億円単位の借り入れって怖いなぁ」っていう気持ちになるんですけど、桜木さんは大丈夫だったんですか？

不動産投資の塾に入って、どんどん買い進めている仲間たちを見ていたら、怖い気持ちはなくなりました。あとは、「ゼロをふたつ取る」っていう考え方かな。

――「ゼロをふたつ取って考える」ですか？　どういうことですか？

例えば１００万円の場合、ふたケタ減らして1万円だと思うようにします。１億円の借金も、１００万円だと思えば怖くなくなります。あと、５００万円とか１０００万円くらいの借金は、いざという時に働いて返さなきゃ、と思うけど、１億とか10億は、どうせ働いても返せないっていう意味では同じじゃないか、と思って開き直るんです（笑）。

最悪のケースでも物件を売却すればなんとかなる、と考えたり。まあ、決してお金を軽んじるわけではないけれど（笑）。

**――それは究極ですね。気持ちのハードルを越えるための工夫ってことですね。**

でも僕からすると、現金を使って買うほうが怖いなって感じがするんです。だって現金が減っちゃうじゃない。たとえば３００万円の中古一戸建てを現金で買って、利回り20％だとしても、自己資金の回収には５

年かかるわけでしょ。
家賃収入で300万円分の元手を取り返すまではずっとマイナスで、それこそ不安に思えてしまう。自己資金0円だと、キャッシュフローがそのまま利益。そもそも回収という概念がない。

**――億単位の借金よりも300万円の現金を出すほうが怖いって、桜木さんならではじゃないですか？**

そう？　僕の場合は、オーバーローンで買っているけど、ちゃんとキャッシュフローが出る物件を買っているわけ。だから基本的に満室で推移できていれば、時間が経つほどに残債を減らしながら手元の現金が増える。それでエレベーター交換や大規模修繕といった一時的な出費に備えています。逆に、物件を購入する瞬間にお金が減ることの方が、不安だし度胸が要るんですよね。

## 空室が埋まらないのは努力が足りないから現金はできるだけ貯めて、危機に備える意識を持つ

――桜木さんは不動産投資のリスクってなんだと思いますか？

やっぱり1番のリスクは空室ですね。僕は、塾で学んでいたとき「空室が埋まらない物件はない。満室にならないのは経営努力が足りないから」と刷り込まれました。だから、満室にするために努力するのは当然の事業活動なんです。何もしなければ空室になるのは当たり前。リスクが怖いから、全力で満室にするように常に努力していますよ。

――なるほど。あと、規模が大きいと税金が多くかかるような気もするんですが、その点はどうですか？

固定資産税は、小さい規模のものと比較したことがないから分からない（笑）。最初から必要経費と捉えているし。所得税はある意味、経費の扱い方次第で調整できるでしょ。計画的に修繕をしたり、法人では特に経費の使い方を勉強しながら税理士と相談しています。

でも、やはり思うように空室が埋まらなかったり突発的な修繕費がかかったりして、急にキャッシュフローが少なくなることもあります。だからこそ、できるだけ現金を確保しておくように心がけているんです。

**――規模は大きくても堅実に考えているんですね。キャッシュフローが年間2000万円を超えていたら、つい気にせず使っちゃいそう。**

高額の借金をしている、っていう自覚があるから、常に不安な気持ちはありますよ。だからこそ満室にする努力をしたり、現金を確保したりっていう行動を意識してやるようにしています。

——不安な気持ちがおカネを使いすぎるのを防ぐブレーキになっているんですね。

やっぱり家計簿をつけてきたことがお金へのこだわりを育んできたんだと思いますね（笑）。

## 不動産投資で家族の夢を叶える父親としてサポートに徹することが子どもの自主性を育む

——会社を辞めたあとはどんな生活をしているんですか？

まずはANAのプラチナステータスを取得することを目標に、毎月海外旅行に出かけました。メーカー時代には世界中でプレゼンをしてきた

**ANAのプラチナステータス**
全日空の搭乗マイルに応じたサービスで、年間5万ポ

ので、各地に写真家の友達がいます。訪ねていくと、彼らは僕が会社を辞めても関係なく歓迎してくれるのがありがたい。真面目に仕事してきてよかったと思います（笑）。

今は目標を達成して、ANAでもJALでも、いつでもラウンジに入れるカードを持っています。これは飛行機旅行がとてもラクになるのでオススメです。

**――家族との関係は変わりましたか？**

いや、とくに変わらないですね。家族の間ではもともとコミュニケーションが途絶えることがありません。在職中のことですが、当時中学3年生だった娘が、1年間アメリカに留学できる高校に行きたいって言い出したこともあって。

通っていた塾で勧められたみたいで、「たぶん無理だと思うけど……」って感じで、かなり遠慮がちに相談してきたんです。その資料を

イントの獲得が条件。一度プラチナステータスになると、スーパーフライヤーズカード（SFC）の入会資格が得られ、SFCでは年会費を払い続ける限りずっと空港ラウンジや優先搭乗など上級のサービスが受けられる。ちなみにJALは「グローバルクラブ（JGC）」

見ると1年間の留学費用が500万円。さすがにその金額には絶句しました（笑）。正直言ってサラリーマンの収入ではかなり厳しい額ですからね。

でもその時にちょうどキャッシュフローが500万円になる物件を買えたところでした。だから僕はその申し出を受け入れて、娘を留学に送り出すことができました。不動産投資のおかげで、家族の夢を叶えられたというわけです。

**――娘さん喜んだんじゃないですか？**

そうですね。1年の留学を終えて帰ってきてからはますます英語に目覚めたみたいで、そのあと100%英語で授業をする超難関の私立大学に合格を果たしました。今でも課題やテストに追われて猛勉強の毎日。大変そうだけど充実しているようです。留学が彼女の人生に大きく影響したと思います。

**――息子さんはどうされているんですか？**

それがなんと、お姉ちゃんの姿を見て、勉強は苦手な方なのに自分から留学したいと言い出して、娘とはまた違う高校を志望したんです。かなりハードルが高くて苦しんだようですが、あきらめずにチャレンジし続けて、ついに合格。1年間のニュージーランド留学に行きました。

**――姉弟そろって高校から留学ですか！　幸せですね。**

自分ができなかったことを子どもたちに経験させてあげられるっていいですね。それもみんな、不動産投資のおかげです。そのことを家族も十分理解しているから、いつも応援してくれます。

## どこへ行くか、よりも誰と過ごすか
## 不動産投資の恩恵はすべて家族に還元

**――お子さんの留学の他に、家族とはどんな生活を？**

会社を辞めてすぐ、83歳の母親をハワイ旅行に連れて行きました。母のパスポートが期限切れになった時「もう海外に行くことはないから更新しなくていい」と言ったので、そんなこと言わず、どこでも好きなところへ連れて行くよ、と誘ってビジネスクラスでハワイに。でも平日の行程だから安く行けました。これもサラリーマンを辞めたメリットですね。

**――奥様がまだ登場しませんが……（笑）**

妻とは平日に銀座でランチに出かけることが多くなりました。ポータルサイトの「一休.com」でキャンペーンをやっているお店を選んで、ちょっと贅沢な食事。これがまたハズレがなくて、毎回とても楽しい時間を過ごせるから大満足。

**――それは素敵ですね。僕も見倣いたいです。**

最初の1年は、月に1度の海外1人旅に出かけたんですけど、やっぱり僕は家族と一緒にいる方が楽しいみたい。綺麗な風景を見ても、美味しい料理を食べても、いつか家族を連れてきたいと考えてしまうんです。1人旅は家族旅行の下見みたいなものでしたね。

だから学校が休みになる時期には、家族で一緒に旅行をするようにしています。マリオット・バケーションクラブのタイムシェア権を購入して、2年に1度、ハイグレードなホテルで過ごせる権利を得ました。夏に行ったフロリダのディズニーリゾートは本当に素晴らしかった。

**タイムシェア権**
ハワイやラスベガスなど、リゾートのコンドミニアムスタイルやホテルタイプの1室を、週単位で利用できる不動産所有権。ヒルトン・グランド・バケーションズ、マリオット・バケーション・クラブ、ディズニー・バケーション・クラブなど。

――海外旅行は楽しいですよね。他に今までの1人旅ではどんなところがオススメですか？

なんと言ってもシンガポールのマリーナベイ・サンズ。ここの「天空のプール」はホテルの宿泊者しか入れません。朝から晩まで、光と空の具合で見える景色がまったく変わるんです。何回行っても素晴らしい体験ができますよ。近いうちに必ず家族を連れて行かなくちゃ。

――これから行ってみたいところはありますか？

実は、2020年に結婚25周年を迎えます。その時、かつて新婚旅行で訪れたタヒチに、今度は家族みんなで行きたいと思っています。そして当時はまだ若くてお金もなかったから買えなかった地元名産の黒真珠を、妻に買ってあげることが当面の目標。あの時、実際にそんな老夫婦

マリーナベイ・サンズの屋上プールにて。
この絶景を見ると圧倒的にモチベーションが上がる。

がいて、「いつかあんな風になりたいね」と言っていたことを実現したいと思っています。

## もうサラリーマンには戻れない！「今日は何曜日？」からレッドカーペットまで

――桜木さんにとって、サラリーマンをリタイアして一番変わったことは何ですか？

一番は、時間が自由になったこと。当たり前だけど、毎朝会社に行かなくていい。朝もゆっくり眠れるし、自分で1日の過ごし方を決められるのが最高ですね。

二番目は、完全にストレスフリーになったこと。今までは夜寝る前に次の日の仕事のことが気になったり、土日でもメールをチェックしたり、とにかく休みの日にも仕事のことが頭から離れなかった。

でも今は、毎朝の最初の会話が「今日は何曜日？」というくらい、曜日感覚がなくなりました。自分のやりたいことしかやらないし、会いたい人にしか会わなくていい、というのは、本当にストレスがないですね。これは精神的にも肉体的にも良いことだと思います。

そして三番目は、出会う人が圧倒的に変わりました。会社員の時はどうしても職場の繋がりで人間関係も限定的になりがち。だけど今は周りが個人起業家ばかりだから、いろんな職種の人と出会うことができます。そしてみんな意識が高く、強い向上心を備えた人が実に多い。これまでの環境がいかに狭かったか思い知らされる時があります。いろんな人と出会うことで刺激をもらえますね。

**――そんなに良いことばかりだと、サラリーマン生活に未練はないですか？**

うーん、正直言って、ありません（笑）。多分もう戻れないと思います。サラリーマンを否定したり、辞めることを推奨するつもりはないんですが、サラリーマンの仕事に使命とかやり甲斐を感じられないと、どうしても幸せや充実感からは遠ざかる。だから逆にそれを感じられる人は、会社の組織力を使って、自分1人では成し遂げられないことをやれば良いと思います。

でも僕にはもうそんな力も野望も持ち合わせていません。何かもっとクリエイティブで、自分が頑張ったら頑張っただけ結果が返ってくるような、そんな環境に身をおきたいですね。

**――今やりたいこととか、これからの夢とか、ありますか？**

先日、韓国の富川《プチョン》国際映画祭というイベントで、生まれて初めてレッドカーペットを歩かせてもらいました。俳優さんや映画監督と一緒に。ちょっとしたきっかけからラッキーなご縁をいただきました。そうしたらまた役者魂（？）に火がついちゃって（笑）。

映画みたいなクリエイティブな仕事の手伝いができるなら素晴らしいと思うし、もしかしたらエキストラみたいなこともやってみたい、とか密かに思っています。「夢はエキストラ」っていうのは小さすぎるかな？

## 出会いとコミュニケーション力を磨く毎日ライフワークは仲間を増やすこと

――不動産投資以外にされていることはありますか？

フリーになってからは、よく自己啓発のセミナーに参加するようになりました。『7つの習慣®』はとても有名なビジネス書だけど、自分ではあまり積極的に読もうとはしていませんでした。そこで縁あって、7つの習慣® 実践会ファシリテーター養成講座というカリキュラムに参加し

**『7つの習慣』**
アメリカにおけるリーダーシップの権威として知られるスティーブン・R・コヴィー博士によって書かれた成功哲学。1989年に発行後、世界44カ国で翻訳され、全世界で3000万部、日本でも200万部を超える発行部数を誇る世界No．1のビジネス書。

**実践会ファシリテーター**
一般の読者（個人）を対象に、書籍『7つの習慣®』を正しく理解し実践していくためのガイダンスを行う。世界46拠点147カ国において企業向けの研修が実施されているが、コンシューマー向けに公認の実践会が開催できるのは日本のみ。

て、協会公認のファシリテーターとして資格を得ることができました。
今ではこの本を適切に読み進めるための実践会を開催しています。その他にはＮＬＰっていうアメリカ発のコミュニケーションスキルを磨くトレーニングにも参加しました。

**――コミュニケーションはいつどんな時でも大事ですよね。**

そうですね。不動産投資をしていて特に思うことは、人との繋がりが大切、ということ。始めたばかりの人はとかく知識や情報、もしくはノウハウを覚えようとする傾向があるけれど、本当に大切なのは、不動産会社や管理会社、金融機関など周りの人をいかに味方につけるか、ということです。そのためにもコミュニケーションは欠かせないものですね。

**――今の桜木さんがお仕事で一番充実している時はどんなときですか？**

僕は月に1度「プラチナ講座」と題して、少人数制のワークショップみたいなものをやっています。僕が学んできたコミュニケーションのポイントや体験談を披露したり、不動産投資や賃貸業で必要な業界情報を伝えています。それからたくさんの不動産会社のセールスさんをゲストに呼んで、本音トークの座談会もやります。

これがまたとても盛り上がっちゃって、毎回時間をオーバーするほど。そこに参加する人はみんなマインドが高い人たちばかり。そういう人たちが物件を買えるようになって、人生を豊かにするためのお手伝いをしたいんです。今はこの「プラチナ講座」をいかに上質なものに仕上げるか、ということが僕のライフワークになっています。

**――これからの不動産投資はどのような方向で？**

自己資金ゼロからオーバーローンで物件を買うスキームは、サラリーマンでないとかなり難しいですよね。だからもう方向転換の時期なんです。とにかくキャッシュを貯めて、次は今までできなかった現金で小規模な投資をやってみたいと思っています。そこでまず手始めとして2017年9月、390万円のテラスハウスを1戸、現金で購入しました。

今後も戸建てとか、築古木造アパートとか、もしくはもっと違う業態とか。今までのやり方に固執せず、広い視野で柔軟にやっていきたいと思います。そういう点ではこの本に登場している他のメンバーの投資法がとても参考になります。

本当に人との出会いはいろんな可能性を広げてくれるから、これからもっともっと学んでいかなきゃ。

月に一度のプラチナ講座。
意識の高い人だけが集まる上質な空間。

# 5 不動産投資で幸せをつかんだ４人の本音の座談会

# オーバーローンは悪なのか？

――ここからは皆さんの不動産投資手法における、それぞれの考え方を聞いてみたいと思います。

## オーバーローン派VS自己資金投入派 その後の融資への考え方次第

――最初に、これまでのお互いの不動産投資についてどう思いますか？

**桜木**　いつも気になっているのは「オーバーローンで買い進めること」。僕は自己資金がなかったからずっとこれをやり続けるしかなかった。でもみんなはちゃんと自己資金を入れて投資しているよね。そういう人をみると「やっぱりそうあるべきかな」と思うことも

対談風景。
左から玉崎孝幸氏、アユカワタカヲ氏、hiro 田中氏、桜木大洋氏。

ある。

**田中**　オレは物件を買うとき金融機関から「頭金入れてくれ」と言われたから、現金を入れて買ってた。そりゃフルローンが出るならフルローンで買いたかったわ（笑）。

**アユカワ**　オーバーローンやフルローンで借りると、債務が大きくなるから、貸借対照表の負債が大きく膨らむ。だから、金融機関の評価が悪くなって拡大に足かせになるのは事実でしょう。

**桜木**　たしかに僕も融資を受けるたびに「もうこれが最後ですよ」と言われていたもんなぁ

（笑）。それでも買い進めるにはとにかくお願いするしかなかったから、時間をかけてでも銀行とのコンタクトを絶やさなかった。すると時々風向きというか、銀行の方針が変わったりすることがあって、物件によってはまた融資してくれるチャンスが訪れたり。そんなことの繰り返しだね。

**アユカワ**　それは経営者としての腕も認められたからでしょうね。今は多くの金融機関で、不動産の融資ではフルローンが出るようになってますよ。でも私個人としては頭金を入れて買うほうが安全性や金融機関評価の点ではいいと思っています。

**桜木**　そりゃそうだよね。アユカワさん正しい。借金が少ない方が健全なのは間違いない。

**玉崎**　僕が唯一持っている京都市内のＲＣ物件はほぼオーバーローンで買っています。そのときはオーバーローンのすごさを実感しましたね。手元のお金をほとんど出していないのに、２億円の物件を手に入れられて、しかも当時の稼働率75％の状況でも毎月30万円収入が入っていたんですから。

**桜木**　そのままずっとオーバーローンで買い進めようとは思わなかったの？

**玉崎**　属性の範囲でめいっぱい借りてしまっていたのと、稼働率が低かったので、まずは満室にしてから、と思ってました。高金利の金融機関で借りたから返済がなかなか進まないものだ、という危機感も持っていました。

**桜木**　堅実な考え方だよね。僕は最初の1棟目からオーバーローンに味をしめて、他の選択肢を考えなかったんだよね。それに自己資金を入れるほど持っていなかった。億を超える物件を買うための自己資金は、それなりの額が必要だからね。

**田中**　貸してくれるなら借りたらええやん。

**桜木**　そんなに簡単じゃないでしょー（笑）。本来は自己資金がある方が融資も通りやすいんだし。オーバーローンを目指しているとその分物件探しも大変。そのわりに雑誌などのメディアでは「不動産投資の甘い罠」とか不安を煽る記事がいっぱいある。

**アユカワ**　それ、私も読みました。セミナーでもネタにしています（笑）。

## オーバーローンは「諸刃の刃」負債リスクと現金確保、どちらを取るか？

――すべてのオーバーローンがよくない、っていうことでしょうか？

**田中**　そんなことないで。むしろ手元の現金が減らないから、経営としてはプラスとも言える。

**玉崎**　同感です。手元のお金を減らさずに収入を増やすチャンスを得られるというのはやはり魅力的です。

**桜木**　そう言われるとなんだかホッとする（笑）。でも反面、イレギュラーな方法だって分かっているから、田中さんみたいな人には「自己資金を入れないで買うなんて、本当に大丈夫なのか？」と言ってほしい面もある（笑）。

**玉崎**　要は収支がどうなっているかだと思うんです。家賃収入から返済を引いたときにいくら残るのか。リタイアしたいなら、当然キャッシュフローが潤沢に出なくてはいけない。

**田中**　でも、手元に現金がいっぱいあるけどあえてオーバーローンで借りるっていう人もいる。月々のキャッシュフローは薄くても、完済後や売却後に儲かればいいやっていう買い方だってアリなわけやし。

**アユカワ**　そうですね。つまり、人によって不動産投資の目的は違うから、その目的に合致していれば、上手にオーバーローンを使うことには何の問題もないってことですね。例えば、今後も金融機関から融資を受けて買い進めたいなら、負債を増やさないためにある程度現金を入れて買ったほうがいいかもしれない。

**玉崎**　でも現金を手元に残しておいたほうが次の融資は下りやすいっていう側面もあるから、難しいですね（笑）。

**桜木**　僕も現金を持っていたら出していたかもしれない。くどいけど、無かったから出せなかっただけ。つまりオーバーローンっていう仕組みがなければ不動産投資自体できなかった。でもおかげさまで規模を拡大し続けることができて、すっかり人生を変えられたんだよね。

**田中**　その点は桜木さん、すごいな～と思いますよ。

**玉崎**　お金がなくても属性が良ければオーバーローンで借りるチャンスがあるけど、返済ができなくなったり、購入直後に大きな修繕が起こったりすると破綻の危険もありますよね。だから、物件代金や諸費用に加えて、運転資金も含めて借りてスタートできればリスクを減らせるかもしれませんね。

**田中**　その分返済が増えるわけやし、それを上回る家賃収入が得られる物件を買うってことやね。

**桜木**　結局、物件選びと価格交渉が重要で、いかにいい物件を安く買えるかにかかってくるね。それができればオーバーローンは強い味方になるってことだね。

**アユカワ**　玉崎さんはそれができたから1棟でもリタイアできたってことだよね。

**玉崎**　僕の場合は借り替えによる金利ダウンも大きかったですけどね。

## 自己資金は何年で回収できるのか
## 先に払うか後に払うかの違い

――オーバーローンだと自己資金の回収っていう考え方も必要ないんですよね？

**桜木**　そうそう。僕の場合は、物件を買った瞬間にとりあえず手元の現金はプラスになるわけ。そこがオーバーローンのいいところ。まあ、借金も大きく増えるんだけどね（苦笑）。

**玉崎**　僕はほぼオーバーローンで買ったあとは、現金で戸建てやテラスハウスを買うスタイルに変えました。

**桜木**　貯めた現金を使って次に進んでいるところが僕との違いだよな（笑）。

**玉崎**　京都のＲＣから出たキャッシュフローがたまってきて、もう1棟買いたいな、と思っていたのですが、最初のＲＣと同じような条件の物件がなかなかなくて。

**桜木**　そりゃ京都市内で利回り12・7％の平成築のＲＣ物件なんてなかなか出ないよ（笑）。

**玉崎**　それで現金を持っておくよりは高利回りな戸建てを買ったほうが資金を効率よく活用できると思って戸建てやテラスハウスを買うことにしたんです。

**田中**　手元に現金を置いといても増えへんしな。オレも現金が貯まってきたら、それを使って戸建てとかを買ったりしてる。

**桜木**　現金を使うのって怖くない？

**田中**　怖さっていうのはないですわ。サラリーマン時代は、給与収入で生活していて、不動産投資の収入は使わずに再投資してたわけやから。もともとなかったもの、つまり投資で得られた利益を使って物件買ってるんで手出しゼロで買ってるともいえる。

**桜木**　じゃあトータルで見たら、２件目以降は事実上のオーバーローン？（笑）

**玉崎**　僕もそうですね。手元に置いておいても増えるわけではない。それなら、今の時点でいちばんいい方法で活用しようと考えます。もし現金がまとまって必要になったら売ればいいわけですし。

**アユカワ**　出たキャッシュフローをどう使うかっていうのも投資家によってさまざまな考え方がありますね。私は、物件を買うときに投じた自己資金と、出たキャッシュフローを一覧表にしてまとめてるんですが、不動産投資を始めて７年くらいでトータルでプラスになって、今では数千万円の利益が出てますね。利益は、次の物件を買うときの諸費用や頭金なんかに回すようにしてます。

**桜木**　生涯でプラスになっているということは、自己資金分も回収できている、ということだよね。そうなってくるとホンモノだと思う。

**玉崎**　でも、突発的な出費が出たときに対応できるくらいの現金は手元に残したほうがいいと思います。最初はどうしても現金が少なくなりがちだから、安全に経営できそうなレベルまでは使わずに貯める。それ以降は現金買いをして高い利回りを得るっていうのがいいのかなと個人的には感じてます。

**田中**　オレもそう思いますわ。全国探せば、古くてボロいけど上手に投資すれば、高い利益を出せる物件はまだまだある。そんなのを買っていきたいね。

**桜木**　僕も次のステップとして現金で買う戸建てに注目している。田中さん、僕の分も探して、いい物件教えてよ（笑）。

# まわりのサラリーマン諸氏を見て思うこと

## リタイア族がサラリーマンをうらやむ意外な理由とは？
## 自分の限界を感じたきっかけ

――周りのサラリーマンを見て、どう思いますか？

**桜木**　僕はサラリーマンの仕事に能力の限界を感じて辞めたクチだから、今も続けられている人はリスペクトする気持ちがあるね。

**アユカワ**　私はサラリーマンがうらやましいと思うんです。サラリーマン時代は給料をもらいながら仕事や研修なんかを通して勉強できたから。会社員いいよなーと思う（笑）。大きなプロジェクトを動かすのは、それなりの規模の会社でサラリーマンをやっていないと難しいですよね。それを実現したい人は会社にいたほうがいい。

**玉崎**　確かにサラリーマンは修行の場ではあると思います。でも、やっぱり会社に行くのがつらい人は多い。僕はそう感じてます。

**桜木**　玉崎さん自身はどうだった？

**玉崎**　僕の場合、人間関係がよくない部署にいたときは途端に会社に行くのが嫌になってましたね。ただ、上手に付き合っていく技術は身についていたので、それを駆使して乗り切ってました。

**田中**　人間関係もそうやけど、一番かわいそうなのは中途半端なポジションで、お金のために好きでもない仕事をガマンしてやってる人やな。サラリーマンやってても、独立しても、どっちに進もうが、しんどいねん。辞めたから楽になるわけではなくて、みんなしんどい。自分にないものは良く見える。どうせしんどいなら自分に向いてる、しんどいけどワクワクすることをしたほうが人生面白いと思ってオレは辞めたな。

**玉崎**　確かに。辞めたからといってバラ色、というわけではないですよね。たとえ不動産投資で収入が増えたから辞めたとしても、経営はずっと続くわけですし。残って会社にしがみつきたくても、リストラされてしまう危険もあるし。

**田中**　そう。昔は会社にしがみついてるだけの人たちを会社は雇う余裕があったけど、今はそんな余裕あらへん。今って流行り廃りが速いよな。昔は経理がうまい人がいたらずっと勤められたけど、ＩＴ技術も進んできたり外注化されるようになったりして、要らなくなってしまうこともある。専門性を持っているからといって出世しながら勤め上げるのは難しい。

## 入社時点から驚きの世代格差が！最近の若いモンとバブル世代は生き方も違う？

――入社したときと退職するときで会社の様子は変わっていましたか？

**アユカワ**　私が入社したバブルの終わりのころは、先輩たちが楽しそうで、自分たちもずっとそんなふうに働けるもんだと思ってました。でも、実際は全然違った（苦笑）。

**桜木**　そうそう。同じ世代はみんな途中で会社の曲がり角があって、そこで現実の厳しさを知ったよね。

**田中**　オレも入社直後はパチンコ、ボウリング、飲み会で遊びまくってたなぁ（笑）。

**玉崎**　僕の入社したころは全然違います。最初から暗いムードだったから、リスク管理をどれだけやるかを重視してましたね。入社直後から、「老後のために貯金しなきゃ」なんて考えたし、僕の周りにも老後を心配している20代は多かったです。

**桜木** 20代で老後！ 僕は全然考えなかったなぁ。10年先のことまで考えるのが精一杯。だって明日死んじゃうかもしれないんだから。

**田中** オレも老後なんて考えたことなかったなぁ。とにかく毎日ひたすら遊んでたし(笑)。

**玉崎** 入社時に景気が良かったり周りの雰囲気が良かったりすると、ある意味楽天的になれて、今を楽しもうと思えるのかもしれませんね。僕らは年金なんてあてにしていないし、もらえたらラッキーくらいの気持ち。もちろんできるだけもらいたいと思っているけれど。

## 「めざす先輩」の存在で意識が変わる
## 偉くなるほど白髪、薄毛になる!?

――サラリーマンをしているときはどんなことを考えていましたか?

**アユカワ**　私は、当たり前に出世していけるもんだと思ってました。以前は出世すると、部下がたくさんいて、指示とか決裁とかしてればいいっていうイメージがあったから、「オレも早くそこに行きてぇー」ってみんな思ってた。

**桜木**　わかる。今は忙しいけど、出世したらヒマになるはずだ、って（笑）。

**アユカワ**　若手のころは、いろんな書類をつくって上司に出したりしていたけど、いずれはオレがそれにハンコを押す立場になるんだ、って思ってました。でも、実際出世してみたら、現場の仕事もやりつつ、マネジメントもしなきゃいけなくなってた。話が違うって感じですよね（笑）。

**桜木**　人数が減っているのに仕事量は変わらないから、管理職にかかる負担は大きくなったよね。

**玉崎**　僕は平社員のままサラリーマンを終えたんですけど、課長とか部長といった中間管理職を見ていて「すごいな」と尊敬はしていました。でも、ああなりたい、とは思いませんでした。中間管理職は、経営側から下りてくる数値目標を達成しつつ、現場のメンバーの面倒も見なきゃいけない。尋常じゃない仕事量ですよ。それでいて、残業代はつかないから給料はそんなに上がらない。正直、出世したいとは思いませんでした。

**田中**　今も昔もそうやけど、上にいくにはそれなりに大変さがある。自分の意に反することもせなあかん。そうやって自分の思いを抑えて我慢しながら仕事してる人って、白髪になったり髪が抜けたりしてそのストレスが外見に出てくる。

**桜木**　それ、わかるな〜。同世代でも偉くなっている人って、なんだかどんどん風貌が老けていっているように見える。

**田中**　でもここにいる4人は若々しい。それは同じ「しんどい」でもやりたいことを選んでいるからやと思うな。

## サラリーマンへの未練はあるか？冷めているのはどっち？

**——会社を辞めたことについて、周りのサラリーマンからはどんなふうに言われますか？**

**桜木**　最初、辞めるって話すと同僚からは反対されたり心配されるかと思ったけど、意外にも「そういうこと考えるんだ、どうやったの？」と聞かれることが多かったね。40代後半ぐらいから副収入の必要性を考える人が多いみたい。20代や30代で会社を辞めると「後先を考えない無鉄砲なヤツ」とか「裏切り者」というふうに思われがちだった。でも50歳くらいになると、定年までの姿がいよいよ現実味を帯びてくる。その後のことを考えて、今のうちに収入源を増やしたいと思うようになるんだろうね。

**田中**　オレの場合、リストラされて会社を辞めたんやけど、リストラの話があったとき周りは動揺してた。オレは不動産投資の収入があったから、リストラ候補に挙がったときは頭の中では「パンパカパーン」ってファンファーレが鳴ってたんやけど。でも、一方でリストラの話に泣きながら乗る人もいるし、意地でも会社にしがみつく人もいる。しがみついてもリストラ部屋に行かされて不本意な毎日が待ってることが分かっててもやで。そういう現実があるんやなと思いましたね。

**――またサラリーマンをやってみたいと思いますか?**

**玉崎**　僕はできればやりたくないですね。やっぱりサラリーマンはどうしても、管理されたなかで仕事をしなくちゃならないですから。勤務地も、勤務時間も、職場環境も、上司も、同僚も、仕事内容も、すべて会社に決められて働かなくちゃならない。僕は自由をもっとも愛する人間なので（笑）、サラリーマンには向いてなかったんじゃないかなと思います。

**アユカワ**　私は実は今だったらもっとサラリーマンを楽しめそうだと思ってるんです。

**桜木**　えっ⁉　どうして？

**アユカワ**　経営者としての経験をこの数年で積んできたから、その経験を活かしたらもっといい仕事ができるような気がします。

**玉崎**　もし呼ばれたらメディア関係の会社に戻りますか？

**アユカワ**　う～ん……1週間くらいだったら行ってもいいかな（笑）。

## 経験者だからこそわかる将来の危機
## 迷っているなら「とにかく1戸買え」

――サラリーマンを続けている人に伝えたいことはありますか?

**田中**　会社でやりがいがあってサラリーマンやってるなら、なんにも問題ない。でも、今このままサラリーマンやってるだけでは危ないと分かっていても動き出せない人は危険やと思う。特に優秀な人に多いな。

**桜木**　毎日忙しいし、いきなりは動き出せない。家族や住宅ローンも背負っているだろうし。ある程度の危機感はあっても、何をやったらいいか分からない、という気持ちだろうね。

**田中**　今はホンマに厳しい時代。大手家電メーカーなんか優秀なサラリーマンがいっぱいリストラされたんとちゃう。会社で優秀な成績やから大丈夫、なんて時代やないよね。経営者がアホやったり、新たなイノベーションが起きたりして淘汰されることもある。そんな時代にいることを意識せなあかん。40代後半過ぎて会社辞めても次に同じような待遇のところには転職できへんよ。年齢いって会社辞めたら職安（ハローワーク）にいっても介護や警備の仕事にいけと言われる。も少し上の世代になるとシルバー人材センターや。一番お金のいる世代の受け皿がこれやで。だから給与収入以外に収入を持たなあかん。それに気づいてほしい。

**――ここにいる4人は特別な人だからリタイアできたんじゃないか、とも思ってしまうんですが、そのあたりはどうなんでしょうか？**

**桜木**　たしかにみんな、たまたま大手の企業に勤めていたことは有利だったかもしれない。でも、小さい会社に勤めていたらリタイアできないのか、といったらそれは違うと思う。結局、一歩踏み出せるかどうか、行動するかしないかの違いなんだよ。

**アユカワ**　セミナーに来て、知識は得て帰るけど、なんにもしないっていう人は確かにいますね。そういう人は私が提唱している「人生自由化計画」は実現できません。

**玉崎**　確かに。僕も不動産投資をするなら勉強は絶対必要だと思ってるんです。でも、勉強だけしていても事態は前に進まない。小さい物件でもいいから何かを買って、不動産投資家デビューしてみることで、経験を積むことができて、ようやくスタートラインに立てるんです。

**田中**　ホンマにそう。オレも不動産投資を始めたい人には「とにかく1戸買え」といつも言ってる。

## 会社員だけが人生じゃない「知る」「動く」が未来を変えるカギ

――会社に行くのがつらい人にメッセージはありますか？

**玉崎**　僕自身、会社ではまったくつらい表情は見せなかったけど、実際は仕事がうまく進まなくてしんどいときもありました。自分の経験からも、つらくてもサラリーマンしてる人は、本当によく我慢して頑張ってるし、以前の自分にもそう伝えたい。

**桜木**　そんな状況を変えたいんだったら、何かを始めないといけないよね。

**玉崎**　小学校のころから、嫌でも学校は行かなくちゃいけなかった。そうしないと落ちこぼれる。その延長線上で、会社に行くのは当たり前、イヤでつらいけど会社辞めて何もしないなんて、とんでもないと思い込んでしまってる。別にイヤだったら辞めたっていい。

でも辞めちゃうと収入がなくなるから、もう少し我慢できるなら、今のうちから少しずつ不動産投資などで収入源を増やしておいて、いつ辞めてもいいように備えておくってことが大事なんじゃないですかね。

**アユカワ**　その通り。会社にしばられているのは、収入が途絶える、という不安からだと思います。だから、不動産投資も含めてファイナンスの勉強はしておいて絶対損はない。私は超遅咲き43歳から始めましたからね。

**田中**　サラリーマンを続けてたら、入社前に思い描いてた理想と現実のズレが出てくる。長く働くほどそれは大きくなっていく。オレもそうやけど、耐えきれんくらいになったら、本当にイヤな人は動き始めるはず。

**桜木**　どんなに知識を増やしても、実際に行動しなければ何も変わらないからね。本当に現状を変えたいのか、何が不満なのか、を強く認識することが行動の原動力になるよね。まず知る。そして動く。このふたつを意識できれば、必ず突破口は開けると思うよ。

# 家族と不動産投資

## 妻を味方につけるには？
## 「万が一の事態」に備えていること

――ご自分の不動産投資の状況について、奥様にはどんなふうに説明していますか？

**アユカワ**　カミさんは不動産投資には興味がないみたいで、あまり説明してないですね。ただ、「もしオレが死んだら、この税理士さんと不動産会社の人に聞けば大丈夫だから」と連絡先だけは伝えてあります。

**桜木**　へぇ～、連絡先か。それはいいね。うちは日々不動産投資の状況は伝えているよ。

「あの物件がまた空室になった」「また? じゃあこれで2室目ね。なかなか決まらないねー」なんて会話ができるくらい。でもあまり詳しいことは理解していないだろうから、妻が自分ひとりで不動産投資を進めるのは難しそうだね。

**玉崎**　うちは、不動産関係の電話が僕にかかってきたら、その内容を妻にも伝えるようにしてます。やっぱり大きな借金をして不動産投資をしているから、経営が問題なく進んでいるのか、空室が出たときでもその対策は十分なのか、といったことを普段から伝えるようにしてます。普段から情報提供がないと、「どうなってるのかな」と不安になってしまうかもしれませんから。

**田中**　みんなえらいな〜。オレは嫁さんに何も話してないわ。どこに物件持ってるかも教えてへん。今死んだら大変なことになる（苦笑）。自分ですら表を作らんと把握できへんもんな〜。

**玉崎**　僕は妻の知識が重要だと思ってるんです。息子に引き継ぐにしても、妻にも同じ内容をあわせて知っておいてもらいたいです。実際に不動産業者さんと僕が何を話してるのか分かるくらいのレベルにはなってほしいと思っていますね。不動産投資のセミナーに一緒に行ったり、教材やＤＶＤなどを見せたりしています。

**アユカワ**　玉崎さんは僕のセミナーにもご夫婦で来てくれたよね。

**玉崎**　はい。アユカワさんと飲みに行かせてもらう予定がある、って話をしたら、妻が「私も行きたい！」って。それで3人で飲みましたね。あのときはサラリーマンを辞めたあとでしたが、僕以外に不動産投資でサラリーマンを辞めた人と会って話せたことで、安心した部分もあったと思います。

**アユカワ**　奥さん本当に勉強熱心だよね。

**玉崎**　ほぼ同じ世代なので、将来への危機感が強いんだと思います。それで情報を得ようとする意識が高いんでしょう。不動産投資をしたいけど、奥さんや旦那さんが反対する、と悩んでいる方は、上手に情報提供したら、むしろ一生懸命勉強してくれて、味方になってくれるかもしれませんよ。

## 子どもには何を残すか
## 3歳からの不動産英才教育プランとは

**——ご自分の不動産をお子さんに継承させるといったことは考えていますか?**

**桜木**　僕はまったく考えていない。子どもには自分自身の力で人生を生き抜いてもらいたいからね。不動産ありき、資産ありき、と思うと何か間違っちゃう気がして……。

**アユカワ**　私は、法人は息子、娘に残してあげたいと思ってます。

**玉崎**　お子さんがサラリーマンをやるっていう場合はどうするんですか?

**アユカワ**　その場合も、兼業社長できるように、きれいなかたちで残して譲っていきたい。

**田中**　オレの場合は、今のところは不動産を残すことは考えてへん。不動産投資に興味がないけど収入はほしいっていう場合は、都内の区分マンションを現金で買って、そのままやるわ。無借金で手がかからへんしええかな、と。

**玉崎**　僕は子どもに資産というかたちで残すことはあまり考えていませんね。

**田中**　正直、地主の2代目の人のなかには、業者にも横柄な態度をとってるのがいる。あれではダメ。ああはなってほしくないね。

**桜木**　そうだね。だから僕も今のところ相続対策みたいなことはまったく考えていないんだよね。

――お子さんへの不動産投資やお金の教育という点で、意識していることはありますか？

**田中**　それはまさに課題やな。不動産投資に興味を持っているなら、自分がやっていることを見せながら伝えたい。そのときに備えて、準備をやらなきゃいけないとは思いつつも、マニュアル書く気もしない（苦笑）。

**桜木**　田中さんの場合は投資案件の幅が広すぎるもんな〜。

**田中**　でも、たとえ今オレが死んでも、うちの子どもなら自分でうまいことやるやろうと思ってる。オレより頭ええしね。

**桜木**　それは納得。田中さんの血を受け継ぐお子さんならしっかりしているんだろうねー。

**玉崎**　うちは不動産を含めたファイナンスの知識は小さいころから伝えたいと思ってます。例えば、子どもが小さいうちから古い戸建てを見せにいって「これを貸して月に家賃

５万円をもらっているんだよ」って伝えたい。古いおうちでも立派に人の役に立って、お金を稼ぐんだ、っていうことが分かってくれたらうれしいですね。

**アユカワ**　息子さん、まだ０歳ですよね。いつくらいから不動産の教育をしようと思ってるの？

**玉崎**　３歳くらいですかね。関東にも関西にもあるから、家族でのお出かけや旅行がてら、物件を見せに行きたいです。不動産投資をやるにしてもやらないにしても、家は一生ついて回るものなので、小さいうちから僕が得てきた知識は伝えていきたいですね。

**アユカワ**　英才教育ですね（笑）。家族との楽しい時間も印象に残りそうですね。

**玉崎**　僕が子どもに伝えたいのは、「やりたいことをやるためには、お金が必要だ」っていうことですね。時間や労力をかけずにお金を稼ぐ手段を持っておけば、残った時間でやりたいことができる。でもその手段は自分で苦労して構築しなくちゃいけない。最初から何もしないでリスクも取らないで収入だけ得るなんて虫のいい話はないし、努力は必要だ、ってことを意識させたいです。

**アユカワ**　私は子どもたちに不動産を遺したいので、60歳からの事業継承に向けて、少しずつ不動産の知識も伝えていきたいと思ってます。

**田中**　オレもサラリーマンをやって思うけど、経理、財務や営業とか、会社で働けばカネをもらっていろんなこと学べるやん。教育とは違うかもしれんけど「まずは働け」って言いたいわ。社会的常識も、社会人としての基礎もやっぱり身につけてほしい。

**桜木**　僕はもともと自分がサラリーマンになりたくなかったクチだから、子どもには社会の枠や常識にとらわれず、自由に自分のやりたいことを探していって欲しいと思う。

**――みなさんそれぞれにお子さんに対する思いが強いんですね。ビシビシ伝わってきます。**

## 今の不動産はいつまで持つの？自分の命と出口戦略

――人生の最後、亡くなる前後に不動産や資産をどうしていくかって考えていますか？

**玉崎** 自分が死ぬときって、だいぶ先の話ですよね？

**桜木** いやいや。人間はいつ死ぬかわからないんだから。明日何があるか分からないんだし。

**田中** オレも友達を若くして亡くしてるから、自分がいつ死ぬかわからない、と思ってやってるよ。

**玉崎** そうなんですね。自分がまだ30代ってこともあって、あまり具体的にイメージが湧いてませんでした。

**桜木**　個人で購入している分の負債は団信（団体信用生命保険）でカバーできるよね。その場合は逆に家賃収入がまるまる入ってきて良かったりして。

**玉崎**　桜木さんはかなり大きな規模になってますけど、資産の組み替えとかは考えていないんですか。

**桜木**　それはこれからの課題。とりあえず今は、あと25年くらいの返済をこのまま続けていこうと思っているよ。返済が済んだら土地値で売ってもかなりの額になる。そうしたらもう現金だけ持って余生を過ごせばいいかな、と。最初に自己資金ゼロだったから、現金生活に憧れているのかも（笑）。

**玉崎**　僕はそれほど大きい規模ではないですけど、家族を養える程度の不動産を持っておいて、子育てが終わったら少しずつ現金化したいですね。で、自分と妻で使い果たして遺さないつもりです。子育てが終わるころには65歳くらいになっていると思いますが(苦笑)。

**田中** オレも今の時点では絶対自分でお金使い切るつもり。でも、子どもがお金で苦労してるようだったらそれなりの配分はしようかなと思ってる。

**アユカワ** 私は60歳までは規模拡大するけど、60歳~70歳は事業継承して、70歳以降はのんびり生きていくつもり。やっぱり最後は手元に現金として残していく感じかな。

**桜木** みんな共通しているのは、最後はある程度の現金を手にして、それを使い切って死にたいってところかな(笑)。

# 今後の投資・事業戦略について

## 会社を辞めたあとの融資はどうなる？
## ここからが経営手腕の見せどころ

——みなさんサラリーマンを辞めたわけですが、今後の投資戦略や目標について教えてください。まずはアユカワさん。

**アユカワ**　私は物件の入れ替えはしていこうと思っています。これは夢なのですが、最終の目標は銀座の山野楽器界隈のビルで不動産賃貸経営することです。やはり不動産は立地が重要。ここは日本のなかで一番いいロケーションだから、そこで不動産賃貸をやるのがいいと思ってます。

**桜木**　壮大な夢だね！　素晴らしい！

**アユカワ**　地方の物件は売って、都内のオフィスビルを持って事業拡大していきたいですね。

**玉崎**　アユカワさんは新築物件も手掛けてるんですよね。

**アユカワ**　はい。新築のペット共生マンションです。成功すればホテルチェーンのように全国展開していきたい。成功してから1年あいだを空ければメインバンクの地銀も融資してくれるかもしれないし。先日は、この新築物件の地鎮祭に銀行の支店長さんが来てくれました。

**田中**　それすごいですね。ＶＩＰ待遇やなぁ。

**アユカワ**　恐縮しましたよ。それだけ力を入れてくれてたのかもしれません。お昼を食べながら支店長さんにチェーン化を目指している話をすると、「応援したい」と思ってくれたみたいです。

**桜木**　いいなぁ〜。僕は会社を辞めたのでメインバンクの地銀から1年は融資凍結されちゃったよ。たしかアユカワさんと同じ銀行のはずなのになぁ（苦笑）。

**田中**　オレも会社辞めてから融資は簡単にはつかなくなってきたかな。

**玉崎**　僕も同じです。アユカワさんに融資が下りてるのはどうしてだと思いますか？

**アユカワ**　新築で、都内の物件っていうのが大きいかもしれません。ほかにも現金を多く持っておくとかも効果的でしょうね。

**桜木**　なるほど〜。工夫次第では会社を辞めたあとも十分融資を受けることは可能ってことだね。

## 自由気ままの不動産投資
## 好きか嫌いかで、投資スタイルが大きく変わる

――田中さんはサラリーマンリタイア後の投資活動をどう考えていますか？

**田中**　簡単に融資はつかないけど、現金は持ってるので、上手に使って買っていきたいと思ってる。オレはリーマンショックのときに不動産投資を始めたんやけど、2017年の今はだいぶ高騰してると思ってる。リーマンショックで買った物件の倍くらいの規模の物件を買っても、利益は半分くらい、という感じや。

**玉崎**　確かにそうですよね。僕はもう少し遅くて2012年に不動産投資を始めたんですが、同じように利益が出そうな物件はほとんどない。ここ2年くらいで不動産投資を始めた人やこれから始める人は、よほど慎重に物件を選ばないと、リタイアはおぼつかないんじゃないでしょうか。

**田中**　その通り、収益用不動産が高値の時期やからね。でも新たな投資チャンスも広がってる。シェアリングエコノミーって伸びしろあると思ってるねん。具体的には、民泊とか、貸会議室とか。

**桜木**　田中さんはこの本を出すための打ち合わせで会議室を探しているうちに貸会議室ビジネスを知って、すぐに動いていたよね。ビジネスの嗅覚がすごい（笑）。

**田中**　なんか気になったんですよ。儲かるんかなぁ～ってね（笑）。やり始めたら結構いろいろあって、1冊本が出せると思うわ。物件探し1つとっても会議室用に使える賃貸物件ってイメージできますか。オレは物件探しが好きなんで、営業マンと物件探すのが楽しかった。会議室用やから「オートロックないほうがええねん。あと1階のほうがええ」って条件を伝えたら、入居者が普通探さない条件なんで、担当の兄ちゃんもやる気出してくれましたわ（笑）。そんなふうに不動産について話すのが楽しい。

**アユカワ**　私も物件を見に行くの好きだなぁ。ワクワクするじゃないですか。私、蕎麦が大好きなんですよ。だから、物件の現地調査に行って、ついでに近くの蕎麦屋に寄って蕎麦を食べるのも楽しみ。

**玉崎**　僕はワクワクするっていうほどではないなぁ。それなら家で子どもと遊んでいたほうがいい（笑）。現地もできるだけ行かないで、管理会社さんに任せて電話やメールで済ませたいなと思っちゃうほうですね。

**桜木**　僕もそれに近いな。見に行くなら、1人でというよりは、業者さんや管理会社さんといっしょに見に行くことが多い。不動産そのものがものすごい好きかと言われると、そうでもないな（笑）。

**玉崎**　そうですよね。サラリーマンをやりながら取り組むのに有利だったのが不動産投資だったからやってる、っていう感じです。もちろんリタイアできたわけですから不動産投資には感謝してますし、これからも続けていきますが（笑）。

**田中**　オレは不動産自体も好きなんやけど、やっぱり人とつながるのが一番楽しい。お金のない若い人に出資してお金を稼げるようにしてあげるとか。サラリーマン時代はなかなかできなかった不動産投資のアドバイスしたりもしてる。この人に相談したら何とかなると思われるような、人と人とをつなぐハブのような存在になっていきたいと思ってる。

**玉崎**　桜木さんやアユカワさんは講師やコンサルタントとして活躍しているけど、田中さんのようにハブになって人と人とをつなぐ生き方も、同じようにサラリーマンにとって大切な存在ですね。僕も駆け出しの大家のころ、先輩大家さんに飲み会とかでたくさんアドバイスをもらって、助けられました。

## 広がる選択肢より投資効率を高めるためのチャレンジ

——桜木さんは今後どういう戦略を立てていますか？

**桜木**　融資条件が厳しくなったから、どうしても現金買いは視野に入ってくるよね。田中さんや玉崎さんがやっている戸建て投資にも魅力を感じている。戸建てを数軒持ってていうのはやってみたいなぁ。

**――さらに規模を拡大するつもりもあるんですか？**

**桜木**　いや、それはあまり考えていないんだ。ＲＣ物件も古くなると空室が増えたり、家賃が下がったりして収益額が落ちることも考えられるから、その分を補てんするために戸建てを持っておきたいと思っている。あと、築古木造にも興味ある。

**田中**　あるよあるよ。全然あるよ。本気なら紹介するし（笑）。

**桜木**　小規模で高利回りのやつ、お願いします（笑）。

**――玉崎さんは今後どんなふうに進めたいとか考えていますか？**

**玉崎**　僕はＲＣ1棟に収入を依存してしまっているので、安定化のために収入源を増やそうと考えてます。昨年から今年にかけての1年間で現金で戸建てを4戸買って、収益の確保に努めてます。

**アユカワ**　1年に4戸ってすごいペースですよね。

**桜木**　しかも利回り20％でしょう？　そんな物件よく見つけてくるよね。

**玉崎**　でもだんだん見つからなくなってきてます（苦笑）。それで、不動産投資以外の投資も始めてるんです。具体的には、事業投資で、安定した収益を出しているベンチャー企業に出資して配当を受け取るものです。伸び盛りの儲かっているベンチャー企業は、スピード感を持って拡大したいのですが、金融機関の評価は低くなりがちで融資額も伸びない。だから、個人投資家に高い利回りを提示してお金を集めているみたいです。年利12％程度以上も十分狙えるので、僕は企業の分析をしたうえで積極的に出資してます。

**田中** 高い利回りやな〜。それ、ホンモノの事業投資家やん！ やってみてどうなん？

**玉崎** 契約書を交わしてお金を振り込んだら、あとは毎月配当を受け取るだけなので、本当にやることがないです。不動産投資は空室や修繕のリスクがありますが、事業投資は本当にまったくやることがないし、やりたくてもできない（笑）。

**桜木** なにそれ〜。本当に働かなくて収入が増えるんだね！

**玉崎** でも会社が倒産して出資額を回収できないリスクもありますから、出資の判断は慎重にしないといけません。僕は出資したい企業の工場や事務所を実際に訪れて、経営者とお話をしたうえで出資するかどうかや出資の額を決めてます。金額は自分である程度決められるのがいいところですね。

**アユカワ** 玉崎さんはこれから子育てが始まるところだから、今のタイミングでリタイアできているのは本当にうらやましい。お子さんとたくさん遊んであげて、写真やビデオもたくさん撮ってあげてください。

**玉崎**　ありがとうございます。30代のサラリーマンって特に忙しくて、子育てに関われていない父親も多いと思います。働かないで収入を得るのってよく思われない点もありますが、できた時間で子育てをしっかりやることは、子どもにとっても妻にとってもうれしいことなんじゃないかなと思ってます。妻も僕が家にいて子育てや家事を分担することで、助かってる、と言ってくれてます。この本を読んでる20代、30代のサラリーマンには、こういう生き方もあるんだって知ってもらえたらうれしいですね。

**――不動産投資を始める年代や家族構成によって、今後の進め方にもずいぶん違いがあるんですね。ありがとうございました。**

## あとがき

境川沿いの桜が満開を迎えるころ、新興住宅街「新浦安」駅前の居酒屋で私たち4人（玉崎孝幸、ｈｉｒｏ田中、アユカワタカヲ、桜木大洋）は出会いました。形式ばった名刺交換を終えると、あっという間にそれぞれの投資スタイル、生き方、人生に惹かれていきました。

「似てるけど、何だか違う人生」

いや、「違うけど、何だか似てる人生」

4人の共通点を見つけると、「不動産投資成功の秘訣」が分かるかもしれない。そんな思いでこの本を出版させていただきました。

本書では、できるだけ4人の会社員時代の生活、性格、そして具体的な投資方法も書かせていただきました。その中から4人の共通項を見つけ出していただけたら幸いです。そしてその共通項があなた自身の成功の手助けになることを願っています。

新浦安の居酒屋の夜から、半年あまりでこの本を出版することができました。

「出版企画書を書く」「出版社にプレゼンする」「会議室を抑える」「アシスタントを探してくる」……。振り返ってみると、4人それぞれが、自分の役割を自然と理解して、出版に向けて動いた結果だと思います。

「このパワーってなんだろう」

ひとつ気づきました。

「4人は今までの経験を活かしている」

社会人として生きてきたそれぞれの体験を、出版に関しても、もちろん不動産投資に関しても、有効活用しているのではないか。

「上司の無茶ぶりで企画書を書かされた」「社内プレゼンに失敗した」「合併の波に飲み込まれた」「クライアントに理不尽なクレームを入れられた」……。

こんなサラリーマン経験こそが、私たちの武器なのではないでしょうか。

今現在、会社での仕事に苦しんでいる方もいらっしゃるかもしれません。1日も早くそこから抜け出したいと思っている方もいらっしゃるかもしれません。私たち4人もそうでした。でも、今の生活が必ずあなたの人生にプラスになる時が来ます。その日を信じて、素晴らしき人生を目指してください。

アユカワタカヲ氏がジョホールバルに購入したマンションにて。
左から hiro 田中氏、桜木大洋氏、アユカワタカヲ氏、玉崎孝幸氏。

来年、境川の桜が満開になる時には、あなたの人生が変わっているかもしれません。

私たち4人は、積極的にセミナー活動も行っております。どこかの会場であなたとお会いできることを楽しみにしています。

最後になりましたが、拙著出版にあたり取材のお手伝いをいただいた林美香さん、また私たちの熱い想いを受け止めていただき、出版にご尽力いただきました青月社の笠井譲二編集長に心から感謝申し上げます。

玉崎孝幸
hiro田中
アユカワタカヲ
桜木大洋

◉著者プロフィール

## 玉崎孝幸（たまざき・たかゆき）

不動産投資家・キャリアコンサルタント。1979年生まれ。埼玉県出身。

全国紙新聞社、大手教育サービス会社を経て、2016年独立。サラリーマン時代に不動産投資を始め、一棟マンションや戸建てなどの賃貸物件計 47戸を経営している。将来に不安を持っている 20代～40代のサラリーマンを中心に300人以上の相談に乗ってきた、お金とキャリアの専門家。1児の父として育児にも力を入れるイクメンでもある。

玉崎孝幸オフィシャルブログ http://tamazaki.net/

## hiro田中（ひろ・たなか）

1969年生まれ。大阪府高槻市出身。千葉県浦安市在住。薬剤師。

大手製薬会社で23年間医薬品の開発に従事。会社合併を機に不動産投資を開始。

不動産の知識ゼロから10年かけて築いた資産は 4億円。

小さく始めて時間をかけてコツコツと物件を増やす安定したスタイルで資産を築く。現在は物件を所有せず転貸で稼ぐ投資を実践。大阪市内で「100円から使えるお気軽会議室」を多店舗展開中。

メール hiro.tanaka.happydays@gmail.com

## アユカワタカヲ（あゆかわ・たかを）

1966年生まれ。大阪出身。

「宅地建物取引士」「ファイナンシャルプランナー」「不動産コンサルタント」「相続コンサルタント」の肩書を持つ不動産プロデューサー。

43歳で不動産投資を始め、48歳で家賃収入がサラリーマン収入を超え独立。

「不動産はエンターテイメント」をモットーに人生自由化計画©を提唱。年間200本を超えるセミナーに登壇する人気講師。

ブログ +メールマガジン「人生自由化計画 .com 」

## 桜木大洋（さくらぎ・たいよう）

1966年生まれ。東京・深川出身。千葉県浦安市在住。
桜木不動産投資アカデミー主宰。消費生活アドバイザー。7つの習慣®実践会ファシリテーター、NLPプラクティショナー。
2012年より中古 RCマンション１棟を購入してから、わずか４年で7棟142室、総資産12億円を構築し、2016年3月末をもって27年間勤めたメーカーを退職。
現在は不動産賃貸業のかたわら、セミナー講師、執筆活動も手がける。
webサイト「桜木不動産投資アカデミー」: http://sakuragitaiyo.com
Facebook: https://www.facebook.com/sakuragi.ocean
メールマガジン「自己資金０円からの逆転不動産投資」: http://qq4q.biz/G91h

**不動産投資でハッピーリタイアした元サラリーマンたちのリアルな話**

発行日　　2017年 11月 1日　第1刷

定　価　　本体1600円＋税
著　者　　玉崎孝幸／hiro田中／アユカワタカヲ／桜木大洋
発　行　　株式会社 青月社
〒101-0032
東京都千代田区岩本町3-2-1 共同ビル8F
TEL 03-6679-3496　FAX 03-5833-8664

印刷・製本　株式会社シナノ


ISBN 978-4-8109-1314-9

ISBN978-4-8109-1290-6

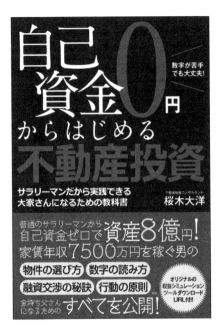